HIGH SCHOOL MUSICAL

M

HIGH SCHOOL MUSICAL

La novelización
adaptada por N. B. Grace
basada en la película original
de Disney Channel, *High School Musical*,
escrita por Peter Barsocchini

Disney Channel

montena

High School Musical / adaptado por N. B. Grace - 3ª ed. -
Buenos Aires : Montena, 2007.
168 p. : il. ; 20x14 cm.

ISBN 978-950-9080-14-0

1. Literatura Juvenil. I. Grace, N. B., adapt. II. Título
CDD 860.9283

Primera edición en la Argentina bajo este sello: mayo de 2007
Tercera edición en la Argentina bajo este sello: junio de 2007

Publicado por Editorial Sudamericana S.A.® bajo el sello Montena con acuerdo de Random House Mondadori

www.sudamericanalibros.com.ar

Queda hecho el depósito que previene la ley 11.723.
Impreso en la Argentina.
ISBN: 978-950-9080-14-0

CAPÍTULO UNO

Era una noche mágica de vísperas de Año Nuevo en un centro turístico en las montañas. El suelo estaba cubierto de nieve reluciente, las estrellas brillaban en el aire frío y limpio y todos tenían ganas de divertirse.

Bueno, todos excepto Troy Bolton y su padre, Jack, que seguían en la cancha de baloncesto jugando uno contra uno. Estaban empapados en sudor, pero se divertían mucho como para dejarlo.

Troy tenía el balón y esquivaba a su padre muy bien. Después de todo, estaba en el equipo de la secundaria. No sólo eso, era el capitán del equipo. Tenía los movimientos suaves y la acción explosiva de una estrella del baloncesto.

Pero Jack era algo más que el padre de Troy. Era el entrenador del equipo de baloncesto y daba consejos a su hijo mientras jugaban.

—Sigue trabajando la izquierda, Troy —dijo el señor Bolton—. El chico que te marque en el partido por el campeonato no lo esperará. Lo aplastarás.

Troy asintió jadeando.

—A la izquierda —repitió.

—Él mirará al centro y tú irás directo a la canasta a encestar —le dijo su padre y entrenador.

Troy asintió de nuevo.

—¿Así?

Esquivó a su padre, saltó y encestó de espaldas. El balón pasó limpiamente por el aro. ¡Un enceste en toda regla, tocando sólo la red!

—Bien —dijo su padre sonriendo.

Troy también sonrió. No hay nada mejor que jugar al baloncesto cuando se está inspirado.

Podrían haber seguido jugando toda la noche, pero, en ese momento, la madre de Troy entró en el gimnasio. Llevaba un vestido de fiesta de lentejuelas y pensaba en otras cosas que no eran el baloncesto.

—¿Hola? ¿Chicos? —gritó—. ¿Hemos volado hasta aquí para seguir jugando al baloncesto?

Troy y su padre se miraron con malicia. Sabían que no esperaba una respuesta a su pregunta, pero se la dieron de todas formas.

—Sí —respondieron al unísono encogiéndose de hombros.

La señora Bolton suspiró.

—Es la última noche de vacaciones. La fiesta... ¿Recuerdan?

La verdad es que a los dos se les había olvidado por completo la fiesta de Fin de Año que organizaba el hotel, pero sabían que no era prudente reconocerlo.

—Claro, claro —dijo el señor Bolton rápidamente—. La fiesta de Fin de Año. ¿Tenemos que ponernos gorros raros? —preguntó con cierto miedo después de dudarlo un instante.

—Por supuesto —respondió su mujer con firmeza—. Y tenemos que estar listos en media hora. Troy, han preparado una fiesta para niños en el Club.

—¿Fiesta para niños? —protestó Troy. ¡Le hacía sentirse como un niño pequeño!

—Para jóvenes —rectificó su madre rápidamente—. Vamos, a ducharse.

Troy y su padre suspiraron profundamente y obedecieron.

"¡El campeonato es dentro de un par de semanas! Debería estar entrenando en vez de ir a una tonta fiesta para niños", pensó Troy, mientras echaba una última mirada a la cancha de baloncesto. Además, ¿qué tenía de divertido estar con un grupo de niños...?

Mientras tanto, en otro lugar del hotel, otra madre estaba a punto de sacar a su hija de una actividad distinta y fascinante.

Gabriella Montez estaba cómodamente acurrucada en un sillón en la sala de estar. Estaba disfrutando de la paz y el silencio —todo el mundo estaba ya en la fiesta— totalmente inmersa en un libro llamado *Si me conocieras*. Era el mejor libro que había leído desde, bueno, desde el último que sacó de la biblioteca, y se moría de ganas de llegar al final.

Pero no pudo ni pasar la página. El libro salió volando de sus manos, y cuando levantó la vista, vio a su madre ante ella.

—Gaby, es la víspera de Año Nuevo —dijo la señora Montez—. Ya basta de leer.

—Mamá, ya casi estoy ter... —protestó Gabriella.

—Hay una fiesta para jóvenes —añadió su madre sacudiendo la cabeza—. Ya te he sacado tu mejor vestido. Vamos.

Gabriella miró el brillante vestido de fiesta de su madre y suspiró. Sabía reconocer una derrota. Asintió.

—¿Me devuelves el libro? —preguntó.

Su madre se lo dio y Gabriella fue a su cuarto a cambiarse. Pero en cuanto estuvo fuera de la vista de su madre, abrió el libro y se puso a leer mientras caminaba.

"Tengo que ir a una estúpida fiesta de adolescentes", pensó, "pero no pienso desconectar mi cerebro hasta el último minuto."

Poco después, Gabriella y Troy llegaban al club de jóvenes y ambos se sentían fuera de lugar. Estaba lleno de chicos con ridículos gorritos de fiesta, soplando *espantasuegras* y riendo.

"Todo el mundo parece estar pasándolo bien", pensó Troy, desanimado. Se había duchado y se había puesto unos pantalones limpios y una camisa, pero donde le hubiera gustado estar era en la cancha de baloncesto.

En otra parte del salón, Gabriella estaba sentada sola. Llevaba el vestido que le había elegido su madre. "Podría estar en mi habitación, leyendo", pensó con añoranza. "Además, estaba llegando a lo más interesante."

Ninguno de los dos se divertía en lo más mínimo.

La mayoría de los chicos se entretenía con un concurso de *karaoke* que estaba en pleno apogeo en un escenario.

—¡Nada mal para un par de esquiadores! —dijo el presentador alegremente, cuando dos adolescentes acabaron su canción.

El público aplaudió y el presentador empezó a buscar con la mirada a alguien que estuviera dispuesto a cantar en el *karaoke* ante un montón de extraños. Los reflectores recorrieron la sala y la música sonó aún más fuerte para que los asistentes a la fiesta descargaran adrenalina.

—Bien —añadió el presentador—. Veamos quiénes son los siguientes...

La música paró. Los reflectores se detuvieron en los dos "voluntarios" para cantar. Una de las luces caía sobre Troy. La otra señalaba a Gabriella.

Los dos parecían asustados, incluso un poco aterrorizados. Movieron la cabeza negándose, pero fue inútil. El presentador saltó hacia el público y les hizo subir al escenario.

Gabriella y Troy estaban muertos de vergüenza. Sin saber cómo, les pusieron unos micrófonos en las manos. Y allí estaban los dos, paralizados. En el escenario. Eran el centro de atención. Y no tenían escapatoria.

Antes que alguno de los dos pudiera desmayarse o temblar de miedo, empezó la música.

"Bueno, allá va", pensó Troy con resignación. "Haré lo que pueda..."

Empezó a cantar, suavemente y con cuidado. No le salían las palabras. Lo único que podía hacer era leer la letra en la pantalla del *karaoke* y tratar de no desafinar:

Viviendo en mi mundo
Nunca entendí
Que todo es posible
Cuando te atreves.

Nadie parecía prestarles mucha atención. "Eso es *bueno*", pensó Gabriella. "Y, después de todo, si ese chico está dispuesto a arriesgarse a ser humillado públicamente, tengo que apoyarlo e intentar cantar."

Abrió la boca y empezó a cantar. Aunque su voz era poco más que un susurro, era dulce y clara:

Nunca creí
En lo que no podía ver
Nunca abrí el corazón
A todas las posibilidades.

"Muy bien", pensó. "Puedo hacerlo. No es tan terrible."

"Bueno", pensó Troy. "Al menos no nos tiran cosas."

A pesar de eso, estaban demasiado nerviosos para cantar fuerte. Pero siguieron haciéndolo, alternándose las estrofas de la canción.

Al final, ambos se miraron buscando ayuda en su compañero de vergüenza. Cuando se vieron de verdad, sintieron algo que nunca habían sentido hasta ese momento.

Troy sintió una descarga eléctrica en la piel. Gabriella una corriente cálida por todo el cuerpo. Sonrieron y, por primera vez, empezaron a cantarse el uno al otro. Cantaban más alto, más seguros, más atrevidos.

De repente, todos se dieron cuenta: ¡en el escenario estaba pasando algo especial! Los chicos se acercaron al borde del escenario, escuchando y moviéndose al son de la música. Y ahora Gabriella y Troy empezaban a pasarla bien. Habían olvidado el nerviosismo y sonreían mirándose a los ojos.

Poco después, bailaban por el escenario con tanta seguridad como si estuvieran actuando en un estadio. Mientras se movían no dejaban de mirarse.

Cuando acabó la canción, el público gritó y aplaudió. Gabriella y Troy sonrieron jadeantes y un poco asombrados por lo que acababa de suceder.

—Me llamo Troy —dijo él, acercándose a ella.

—Gabriella —asintió ella.

Ninguno de los dos podía dejar de sonreír. Los dos sentían algo emocionante y excitante en su interior, como si, de repente, el mundo hubiera empezado a ser mucho más divertido.

CAPÍTULO DOS

Seguían aturdidos por la emoción de su actuación improvisada y salieron a caminar en el aire fresco y chispeante.

—Tienes una voz impresionante —dijo Troy—. Eres cantante, ¿verdad?

Gabriella se encogió de hombros.

—Canto en el coro de la iglesia. Una vez traté de hacer un solo y casi me desmayo —reconoció sonriendo.

—¿Por qué? —preguntó Troy sorprendido.

Ella movió la cabeza al recordarlo.

—Miré a toda la gente que estaba observándome y lo siguiente que recuerdo es que estaba mirando al techo. Fue el fin de mi carrera como solista.

—Después de oírte ahora, es difícil de creer —dijo él sinceramente.

—Es la primera vez que hago una cosa así —contestó ella.

Troy comprendía cómo se sentía.

—Tu voz también suena como si hubieras cantado mucho —añadió Gabriella.

—Sí, muchísimo —dijo Troy bromeando—. Tengo impresionadísima a la regadera de la ducha.

En ese momento oyeron las voces de todos al unísono.

—¡Diez! ¡Nueve! ¡Ocho...!

Había empezado la cuenta atrás para el comienzo del Año Nuevo.

Gabriella y Troy se miraron y rápidamente apartaron la mirada.

—¡Siete! ¡Seis! ¡Cinco! ¡Cuatro...!

"Es una noche mágica", pensó Gabriella, deseando que durara mucho más.

"¡No puedo creer que no quisiera venir a esta fiesta!", pensó Troy. "¡Ha sido impresionante!"

—¡Tres! ¡Dos! ¡Uno!

Todos empezaron a gritar y a soplar sus *espantasuegras*. Los fuegos artificiales estallaron en el cielo, llenándolo de chispas rojas, doradas y azules. Todo el mundo lo celebraba, pero Gabriella y Troy de repente se sentían incómodos.

"La gente se besa en Fin de Año", pensó Troy. "¿Debería...?"

"Es una tradición besarse cuando el reloj da la medianoche", pensó Gabriella. "¿Querrá...?"

Ninguno de los dos se movió. Unos segundos después, ella sonrió.

—Creo que será mejor que vaya a buscar a mi madre para desearle feliz Año Nuevo —dijo.

Troy asintió. El hechizo se había roto y se sentía un poco aliviado.

—Yo también —respondió—. Bueno, no a *tu* madre, a la mía... y a mi padre. Te llamo mañana.

Sacó su teléfono celular, le tomó una foto a Gabriella rápidamente y luego le pasó el teléfono.

—Apunta tu número.

Gabriella sacó el suyo y se lo dio a él.

—Y tú el tuyo...

Intercambiaron los celulares y anotaron sus números rápidamente. Después, Gabriella dio la vuelta para marcharse, pero Troy la detuvo.

—Cantar contigo ha sido lo más divertido que he hecho en estas vacaciones —dijo sinceramente—. ¿Dónde...?

Una nueva serie de fuegos artificiales empezó a estallar sobre sus cabezas y el ruido de las explosiones ahogó sus palabras.

Gabriella estaba ya en las escaleras. Sonrió, le dijo adiós con la mano y desapareció. Troy se quedó mirándola sin moverse.

Una semana después, las clases habían vuelto a empezar en el Instituto East de Albuquerque, Nuevo México. Era la primera mañana de clases después de las vacaciones de invierno y aquello era una locura.

Los chicos salían en tropel de los autobuses, gritándose y presumiendo de ropa nueva.

Cuando Troy entró en el patio bajo la pancarta que decía "Feliz Año Nuevo, Linces", los otros chicos le saludaron chocando las manos.

Su amigo y compañero de equipo, Chad, se acercó a él.

—¡Hombre, mi jugador favorito! ¡Hola, cachorro! —gritó.

Chad tenía el pelo rebelde y rizado y un carácter que hacía juego. Era el fiel número dos de Troy, número uno del grupo, y en un abrir y cerrar de ojos, Chad había arrastrado tras él a todos los demás miembros del equipo. Se alegraban de verse, estaban contentos de volver a estar juntos y muy nerviosos por el partido del campeonato. Ya sólo faltaban un par de semanas.

—Hola, Chad —dijo Troy—. ¡Feliz Año Nuevo a todos! —añadió saludando a los otros jugadores.

—¡Claro que sí. Va a ser un feliz Año Linces Nuevo! —gritó Chad—. Porque dentro de dos semanas vamos a la final del campeonato, y *tú* nos llevarás al infinito y más allá.

Troy se rió y todos los chicos del equipo de baloncesto Linces asintieron y chocaron los cinco. Chad tenía razón. ¡Estaban a punto de realizar su destino!

En ese momento, Sharpay y Ryan Evans se abrieron paso a empujones entre el grupo de baloncesto. Los dos se retiraron el pelo de la cara con un movimiento que sólo pueden hacer los copresidentes del Club de Teatro.

Como de costumbre, Sharpay parecía una Barbie perfecta, con el pelo suelto, mucho maquillaje y ropa a la última moda. Su hermano, Ryan, iba igual de moderno.

Zeke, uno de los jugadores, miraba a Sharpay mientras avanzaba entre los chicos con aires de superioridad.

—¡Eh, la princesa del hielo ha vuelto del Polo Norte! —dijo a su grupo entre dientes.

—Sí, seguro que pasó las vacaciones como siempre —comentó Chad.

Jason, otro de los jugadores de baloncesto, hizo el papel de serio en la broma.

—¿Sí? ¿Cómo? —preguntó.

—¡Comprando espejos! —contestó Chad aullando como un lobo y riéndose de su propio chiste. Sus compañeros de equipo le secundaron.

Aún riéndose pasaron al lado de Taylor McKessie, la presidenta del Club de Química, que estaba con unas cuantas amigas, "cerebritos" como ella.

Taylor miró de arriba abajo a los jugadores de baloncesto.

—Ah, he aquí los animales del zoológico anunciando el Año Nuevo. ¡Qué tribal! —dijo a sus amigas.

Mientras sus amigas asentían con aire de suficiencia, sonó el timbre y todo el mundo se fue corriendo a sus clases.

Los grupos se habían ido dispersando mientras el director, el señor Matsui, avanzaba por el pasillo acompañando a una nueva alumna. Era Gabriella, que estaba muy nerviosa e iba con su madre tratando de oír los convincentes argumentos del director.

—Académicamente se nos considera uno de los diez mejores centros del estado, y verán que además hay un maravilloso ambiente comunitario —dijo éste.

Gabriella trató de sonreír mientras se asomaba a la ventana de la puerta de una de las aulas. La escena que vio dentro era un caos total de primer día de clase. Se le revolvió el estómago y miró a su madre con gesto suplicante.

—Mamá, mi estómago...

—Siempre te pones nerviosa el primer día en una escuela nueva —intervino su madre tranquilizándola—. Vas a hacerlo muy bien, como siempre. Y he hecho prometer a mi empresa que no volverán a trasladarme hasta que te gradúes.

Gabriella sonrió débilmente. "Ésta es siempre la peor parte", pensó.

—No te preocupes, Gabriella —dijo el director—. He examinado tus impresionantes calificaciones. Espero que tu luz brille con fuerza aquí, en el Instituto East.

Gabriella sabía que el director estaba tratando de ayudar, pero al oír esas palabras se le revolvió el estómago aún más.

—No quiero volver a ser la chica genio de la escuela —susurró a su madre.

La señora Montez la abrazó.

—Sé simplemente Gabriella —dijo calurosamente.

Gabriella fue a su clase con la señora Darbus, la profesora de teatro. Era un poco extravagante, llevaba un llamativo vestido largo y vaporoso y unas gafas enormes.

Gabriella fue a su lugar rápidamente, haciendo todo lo posible por pasar desapercibida. No vio a Troy entrar con su mejor amigo, Chad, pero cuando él saludó a sus compañeros, la vio por el rabillo del ojo.

Estiró el cuello sorprendido para verla mejor, pero no lo consiguió porque otros estudiantes la tapaban.

"Esa chica", pensó. "Es igual a... Pero, ¿qué iba a hacer aquí la chica de la fiesta de Fin de Año...?"

Antes de poder verla bien, sonó el último timbrazo y todo el mundo corrió a sentarse en sus pupitres.

La señora Darbus se puso frente a la clase como si estuviera en el centro del escenario en un teatro de Broadway.

—Confío en que todos hayan pasado unas

estupendas vacaciones —dijo—. En el vestíbulo están colgadas las hojas de inscripción para las nuevas actividades, especialmente para nuestro musical de invierno. Habrá pruebas individuales para los papeles secundarios y también pruebas en pareja para los papeles protagónicos...

Chad miró a su alrededor a sus compañeros de equipo de baloncesto, sonrió e hizo una trompetilla cuando la maestra mencionó el musical.

La señora Darbus le lanzó una mirada fulminante.

—Señor Danforth, éste es un lugar de aprendizaje, no un estadio de hockey —dijo cortante.

Troy seguía estirando el cuello tratando de ver a la chica nueva que se parecía tanto a Gabriella. Al final, frustrado, se sacó el celular del bolsillo y recorrió el menú tecleando con el pulgar.

La foto que le tomó a Gabriella en la fiesta de Fin de Año apareció en la pantalla. La miró recordando aquella noche mágica mientras la señora Darbus parloteaba alegremente.

—También hay una inscripción para la final del Campeonato de Decatlón Académico de la semana que viene —dijo—. Taylor McKessie, la presidenta del Club de Química, contestará a sus preguntas sobre ese asunto.

Mientras tanto, Troy pulsó el botón "enviar" de su celular. De repente, el de Gabriella empezó a sonar como loco. Al principio, ella no reaccionó. ¿Quién iba a llamarla?

Sharpay y Ryan cogieron sus celulares. Al fin y al cabo, ¿no eran para ellos *todas* las llamadas?

La señora Darbus se dirigió hacia el frente de la clase a grandes zancadas con gesto desafiante.

—¡Ah, vuelve la amenaza de los teléfonos celulares a nuestro crisol de aprendizaje! —gritó.

Cogió un cubo de plástico con una etiqueta que decía "Zona de incomunicación" y se lo tendió a los hermanos.

—Sharpay y Ryan, sus celulares. Y están castigados.

Ellos pusieron los ojos en blanco, pero dejaron sus teléfonos en el cubo. Pero otro celular siguió sonando.

La señora Darbus recorrió la clase con la mirada, buscando la fuente del infausto sonido. Gabriella rebuscó en su mochila ruborizándose. Cuando por fin encontró su teléfono y estaba a punto de apagarlo, vio... ¿la foto de Troy Bolton?

Abrió los ojos sorprendida y, sin querer, pulsó "responder" en vez de "fin".

Ahora era Troy quien miraba su teléfono sorprendido, en él aparecía la foto de Gabriella. Pero la señora Darbus ya estaba junto a ella tendiéndole el cubo de plástico.

—Tenemos cero tolerancia con los teléfonos celulares durante las clases —dijo severamente la profesora de teatro—. Tendremos tiempo de conocernos durante el castigo. Teléfono, por favor..., y bienvenida al Instituto East, señorita Montez.

Mientras volvía al frente de la clase, vio que Troy tenía su celular en la mano y le tendió el cubo.

—Señor Bolton, veo que su teléfono también está involucrado. Estupendo, también está castigado.

Troy suspiró y dejó caer su celular en el cubo.

Detrás de él, Chad protestó.

—Eso es más que imposible, señora Darbus, su señoría, porque tenemos entrenamiento de baloncesto y Troy es…

La señora Darbus giró sobre sus talones y le lanzó una mirada fulminante.

—Eso son quince minutos para usted también, señor Danforth. ¡Cuéntelos!

Al fondo de la clase, Taylor sonrió con malicia.

—Eso va a ser muy difícil para Chad —susurró a una de sus amigas "cerebritos"—. No creo que sepa contar tanto.

Tendría que haber tenido más cuidado. La señora Darbus tenía el oído más fino que un murciélago.

—Taylor McKessie —dijo bruscamente—. Quince minutos.

Taylor se quedó boquiabierta. ¡No la habían castigado ni un minuto en toda su vida!

Pero protestar no servía de nada. La señora Darbus ya se había dado la vuelta para vigilar al resto de la clase.

—¿Tengo que seguir confiscando celulares y castigándolos? Se acabaron las vacaciones. Definitivamente. ¿Algún comentario más? ¿Preguntas?

Jason, uno de los jugadores de baloncesto, pensó que ya era hora de poner un poco de buen humor en la clase. Levantó la mano.

—¿Qué tal sus vacaciones, señora Darbus? —preguntó sinceramente.

Todos se volvieron a mirarle sorprendidos y, en ese momento, sonó el timbre. Los alumnos salieron disparados hacia la puerta, aliviados de verse libres de la señora Darbus por el momento.

CAPÍTULO TRES

Troy esperaba preocupado en el pasillo a la salida de la clase de la señora Darbus, mientras sus amigos seguían con sus clases. Por fin salió Gabriella y fue hacia ella, casi sin poder respirar.

Cuando ella lo vio, se quedó mirándolo boquiabierta.

—No..., no... —dijo.

—... puedo creerlo —acabó Troy en un susurro.

Gabriella asintió.

—Yo…

—… tampoco —volvió a terminar Troy—. Pero ¿cómo…?

—La empresa de mi madre la ha trasladado a Albuquerque —explicó Gabriella, sacudiendo la cabeza con incredulidad—. ¡No puedo creer que vivas aquí! Estuve buscándote en el hotel el día de Año Nuevo, pero…

—Tuvimos que irnos a primera hora —dijo Troy, aún susurrando.

—¿Por qué hablas tan bajo? —preguntó Gabriella extrañada.

Él pareció avergonzarse un poco.

—Es que, bueno, mis amigos saben que fui a esquiar, pero no les conté lo del…, lo de la actuación.

—¿No lo entenderían? —preguntó Gabriella con complicidad.

—Fue… genial —dijo Troy rápidamente. No quería que ella pensara que no le había gustado su debut como cantante—. Pero, mis amigos... No suelo hacer esas cosas. Es como si fuera... otra persona.

Habían llegado al vestíbulo, donde estaban colgadas las hojas de inscripción. Troy señaló la hoja de las pruebas para el musical de invierno.

—Ahora que conoces a la señora Darbus, me imagino que te mueres de ganas de apuntarte ahí —dijo sonriendo.

Gabriella se rió.

—No voy a apuntarme en *nada* aquí por ahora —respondió—. Primero quiero conocer la escuela —lo miró tímidamente—. Pero si tú te has apuntado, quizá vaya a verlo.

Troy negó con la cabeza. No podía ni imaginar la reacción que provocaría si se apuntaba a las pruebas para el musical de la escuela.

—Eso es totalmente imposible —dijo.

A su espalda se oyó la voz de Sharpay.

—¿Qué es imposible, Troy? —preguntó dulcemente—. No creo que esa palabra esté en tu vocabulario.

Cuando se volvieron a mirarla, Sharpay señaló a Gabriella.

—¡Qué amable de tu parte mostrarle la escuela a nuestra nueva compañera!

Arqueó una ceja al ver a Gabriella mirando la hoja de inscripción para el musical. Con mucha parsimonia, se puso delante de ella y escribió su nombre con grandes gestos.

De hecho, Gabriella se dio cuenta de que la firma de Sharpay llenaba toda la hoja de inscripción.

Pero cuando Sharpay la miró, era el vivo retrato de la inocencia.

—Ay. ¿Se iban a inscribir ustedes también? Mi hermano y yo hemos sido los protagonistas de todas las obras de la escuela y nos encantan los nuevos —dijo sonriendo más dulcemente que nunca—. Hay un montón de papeles secundarios en este espectáculo. Estoy segura de que encontraremos algo para ti.

—No, no —dijo Gabriella rápidamente—. Sólo estaba mirando el tablón de anuncios.

Hay un montón de cosas en este instituto. ¡Guau!

"Estoy balbuceando", pensó. "¡Tengo que dejar de hacerlo! ¡Ya!" Señaló la enorme firma de Sharpay.

—¡Bonita letra! —añadió con voz débil antes de salir corriendo hacia la siguiente clase.

Una vez a solas con Troy, Sharpay decidió aprovechar la ocasión.

—Bueno, Troy —dijo haciéndose la tímida—. Te he echado de menos estas vacaciones. ¿Qué has hecho?

Él se encogió de hombros.

—Jugar al baloncesto. Esquiar. Más baloncesto.

Sharpay asintió alegremente.

—¿Cuándo es el partido? —preguntó usando todo su talento dramático para que pareciera que realmente le importaba.

—Dentro de dos semanas —Troy pareció decidido, firme. "Dos semanas para que seamos campeones, o no", pensó.

—Estás tan ilusionado —dijo Sharpay pestañeando ligeramente—. Igual que yo con lo mío. Espero que vengas a verme en el musical. ¿Me lo prometes? —añadió.

"No hay nadie como Sharpay para conseguir que la conversación vuelva a centrarse en ella", pensó Troy irónicamente. Pero sonrió y asintió al marcharse.

Unas horas después, Troy estaba con el equipo de baloncesto en el gimnasio, entrenando. Troy y Chad estaban retándose a hacer *sprints* de presión mientras los otros chicos practicaban las carreras en zigzag.

—Eh, ¿sabes lo del musical de la escuela? —preguntó Troy mientras trataba de pasar rodeando a Chad—. ¿Es verdad que consigues créditos sólo por presentarte a las pruebas?

—¿Y a quién le importa? —preguntó Chad bloqueando a Troy.

Troy subió una ceja y trató de escapar de Chad por el otro lado.

—Está bien conseguir créditos... para la universidad y eso —dijo tratando de parecer indiferente.

Chad se rió y movió la cabeza.

—¿Crees que LeBron James o Shaquille O'Neal hicieron pruebas para el musical de su escuela? —preguntó con tono burlón.

—Tal vez... —dijo Troy, no muy convencido.

—Troy, la música de esos musicales no es *hip-hop*, ni *rock*, ni nada fundamental para la cultura —contestó Chad pacientemente—. Es como... un *espectáculo musical.* Con disfraces, maquillaje... —se estremeció—. ¡Espantoso!

Troy se encogió de hombros, tratando de quitarle importancia.

—Pensé que podía ser divertido. Además, Sharpay es bastante bonita.

Chad se quedó mirándolo con la boca abierta.

—Los pumas también son bonitos, pero no los acaricias.

Troy asintió y lo dejó por el momento. "Ahora tengo que ocuparme del baloncesto", pensó. "Tengo que concentrarme. La final del campeonato", se dijo a sí mismo severamente, "es dentro de un par de semanas."

—Bien —dijo volviéndose a su equipo—. ¡Vamos a movernos rápido, levanten esos pies! —gritó.

El equipo tomó posiciones rápidamente y empezó a botar balones y a zigzaguear entre sí con la soltura adquirida a través de muchas horas de entrenamiento.

Los balones empezaron a botar y los jugadores comenzaron a correr por la cancha con movimientos rítmicos y de percusión. Y Troy empezó a gritar las instrucciones:

"Finta a la derecha
y sal por la izquierda.
Espera la oportunidad

Y no descuides la marca.
Corre con toda tu alma
Y lleva la pelota a la red.
No tengas miedo
De lanzar un gancho largo."

Los Linces habían creado un lema del equipo y Troy lo gritaba ahora para motivar a sus compañeros:

"Mantén la cabeza en el juego
Mantén la cabeza en el juego
Mantén la cabeza en el juego
No temas lanzar un gancho largo."

Los miembros del equipo sonrieron y se movieron más deprisa, más suavemente, mucho mejor. ¡Troy era un capitán estupendo y sabía motivarlos como nadie!

Troy agarró un balón y se unió a las prácticas evadiendo a un jugador por la izquierda y a otro por la derecha mientras seguía gritando instrucciones.

Cuando terminó el entrenamiento, todos inspiraron profundamente, sonriendo por lo bien que se sentían y lo bien que habían estado. ¡Los Linces eran lo suficientemente buenos como para ganar el campeonato!

CAPÍTULO CUATRO

A la mañana siguiente, Gabriella estaba en el laboratorio de química sentada enfrente de Taylor y al lado de Sharpay. Los estudiantes llevaban batas blancas y estaban muy ocupados preparando el equipo mientras la profesora de química escribía ecuaciones en el pizarrón.

—Me pareció que conocías a Troy Bolton —dijo Sharpay a Gabriella con una sonrisa falsa y un tono desinteresado.

Gabriella levantó la vista un instante, pero la dirigió a la profesora, que estaba resolviendo una ecuación en el pizarrón.

—Pues no..., estaba preguntándole por dónde se iba —dijo mientras comprobaba el resultado de la profesora en su borrador.

Sharpay subió ligeramente la intensidad de su sonrisa.

—Normalmente, Troy no... se relaciona... con los nuevos.

—¿Por qué no? —preguntó Gabriella sin prestar atención. Miró su ecuación. Hummm. Su resultado era diferente al de la profesora. ¿Debía decir algo? Tal vez no. A la gente no le gusta que corrijan sus errores...

—Baloncesto las veinticuatro horas del día los siete días de la semana es mucho —dijo Sharpay con una risita.

Ahora sí que no escuchaba a Sharpay en absoluto. Gabriella volvió a comprobar en su cuaderno sus cálculos.

—Pi elevado a once —murmuró.

Creía que lo había dicho en voz baja, pero al parecer no había sido lo bastante baja.

—¿Sí, señorita Montez? —dijo la profesora dándose la vuelta.

—Lo siento —respondió Gabriella poniéndose nerviosa—. Sólo estaba...

Antes de terminar la frase, la profesora estaba de pie junto a su silla mirando su cuaderno.

—¿Pi elevado a once? —dijo la profesora sorprendida—. Eso es imposible.

Sacó rápidamente una calculadora y empezó a teclear números. Al otro lado de la mesa, Taylor también sacó su calculadora e hizo lo mismo que la profesora.

Hubo unos momentos de silencio.

—Acepto la corrección —dijo la profesora.

Volvió al pizarrón a corregir su resultado. Luego miró por encima de su hombro y sonrió afectuosamente a Gabriella.

—Bienvenida a bordo —añadió.

Gabriella se ruborizó cuando Taylor se quedó mirándola claramente impresionada.

Troy pasaba por el vestíbulo para ir a su siguiente clase, cuando vio la hoja de inscripción para las pruebas del musical. Aflojó el paso.

Era una locura, *sabía* que era una locura, pero no dejaba de pensar en el musical. Se quedó parado, casi hipnotizado por la hoja de papel. Estaba tan perdido en sus pensamientos que no vio al hermano de Sharpay, Ryan, que estaba por allí con un par de chicos del Club de Teatro.

Ryan entrecerró los ojos con recelo. Cuando Troy se marchó, Ryan corrió a mirar la hoja para asegurarse...

En ese momento llegó Sharpay. Ryan fue hacia ella corriendo.

—¡Troy Bolton estaba mirando nuestra lista de pruebas! —dijo jadeando.

Sharpay se puso tensa de repente. Tenía los cinco sentidos en alerta.

—¿Otra vez? Estaba por allí con la chica nueva y los dos miraban la lista —se detuvo un momento para pensar.

—Hay algo muy raro en ella —decidió—. ¿De dónde dijo que venía?

Unos minutos después, Sharpay y Ryan estaban en la biblioteca del instituto, haciendo una búsqueda en Internet sobre Gabriella. En la pantalla aparecieron de inmediato varios artículos de periódico.

"Niña prodigio hace campeona académica a su escuela", decía uno de los titulares.

"La maravilla del Instituto Sun sobresale en la Competencia de Química del estado", decía otro.

Aparecía una foto de Gabriella sonriendo a la cámara y sosteniendo varios premios.

—¡Guau...! Una "Einsteincita". Entonces, ¿por qué le interesa nuestro musical? —dijo Ryan mientras Sharpay imprimía el artículo.

—No estoy segura de que le interese —respondió Sharpay—. Y no tenemos por qué preocuparnos por aficionados.

Dobló las páginas impresas con cuidado y se levantó.

—*Pero* no hay nada de malo en que nos aseguremos de que Gabriella se dedique a las actividades escolares... apropiadas para ella. Después de todo, le encanta pi.

Y Ryan, que siempre iba un paso por detrás de su hermana, como mínimo, vio que sonreía y supo que había planeado algo.

Ese mismo día, más tarde, todos los que estaban castigados tenían que cumplir su castigo.

La señora Darbus, como era de esperar, les hizo trabajar en el escenario del teatro de la escuela. Tendrían que pintar decorados, limpiar el escenario y encuadernar guiones.

Sharpay cumplió su parte diciéndole a Ryan cómo se pintaba una mampara y supervisando cómo lo hacía. Chad trataba de montar una pieza del escenario. Toda su agilidad y finura en la cancha de baloncesto se traducían en una torpeza total cuando agarraba un martillo. Gabriella y Troy trabajaban en zonas opuestas del escenario intercambiando tímidas miradas y tratando de armarse de valor para decirse algo.

Antes de que ninguno de los dos se atreviera a tomar la iniciativa, Taylor entró en el auditorio y fue directo hacia Gabriella.

Estaba tan contenta que parecía que acabara de ganarse la lotería y, teniendo en cuenta que era la presidenta del equipo de Decatlón Académico, tal vez fuera así.

Se detuvo delante de Gabriella y sonrió entusiasmada.

—¡La respuesta es sí! —dijo.

—¿Eh? —Gabriella no entendía nada.

—Nuestro equipo de Decatlón Académico tiene su primer campeonato la semana que viene y seguro que hay un puesto para ti —dijo Taylor emocionada. Se metió la mano en el bolsillo y sacó un fajo de artículos de periódico sobre los éxitos académicos de Gabriella.

—¿De dónde ha salido eso? —preguntó Gabriella atónita.

—¿No los metiste tú en mi *locker?* —ahora era Taylor la sorprendida.

—¡Por supuesto que no! —Gabriella estaba más que confundida; parecía preocupada. Había querido pasar por una estudiante normal o, por lo menos, lo más cerca de la normalidad que pudiera. Ahora su plan había fracasado.

Sharpay estaba a un lado, fingiendo no oír nada, aunque estaba escuchando todo lo que podía.

Taylor reaccionó rápidamente.

—Bueno, nos encantaría tenerte en el equipo. Nos reunimos casi todos los días después de clase —de repente tuvo una visión de lo bueno que sería para su equipo si Gabriella se unía a él—. ¿Aceptas? —añadió.

—Tengo que ponerme al día aquí antes de

pensar en formar parte de ningún club... —contestó Gabriella sin mucha convicción.

Sharpay se acercó rápidamente. "Si hay un momento ideal para unirme a la conversación, es éste", pensó.

—Es la forma perfecta de ponerte al día, quedar con los más listos de la escuela. ¡Qué oferta tan generosa, Taylor!

Gabriella miró a las chicas sintiéndose acorralada. La señora Darbus la salvó entrando en el escenario desde bastidores.

—Cuántas caras nuevas veo por aquí hoy —dijo mirándolas fijamente—. Espero que no se convierta en costumbre, aunque al Club de Teatro no le viene mal ayuda extra. Ahora, mientras trabajamos, vamos a debatir sobre los peligros de los teléfonos celulares. Mi primer pensamiento sobre el asunto es...

Chad sabía reconocer una charla aburrida y larguísima en cuanto empezaba. Trató de esconderse rápidamente dentro de un árbol de utilería.

Pero no hubo suerte. Seguía oyendo la perorata de la señora Darbus...

Mientras la señora Darbus enumeraba los problemas que causaban los celulares, el equipo de baloncesto entraba en la cancha para empezar sus entrenamientos extraescolares. El entrenador Bolton hizo sonar el silbato para que empezaran.

—Comencemos. Quedan dos semanas para el gran...

Se quedó callado y miró a su alrededor. "Pasa algo", pensó. "Falta algo. Falta alguien..."

—¿Dónde están Troy y Chad?

—Tal vez el ejemplo más atroz del abuso de los teléfonos celulares sea que suenen en el teatro —decía la señora Darbus—. ¡Qué temeridad! Porque el teatro es un templo del arte, una gran fuente de energía creativa...

Sólo Sharpay y Ryan seguían escuchando. Asintieron muy serios.

Chad se había dormido dentro del árbol de utilería e incluso roncaba.

Cuando todos creían que iban a desmayarse del aburrimiento, el entrenador Bolton entró corriendo en el auditorio como una furia.

—¿Dónde está mi equipo, Darbus? —gritó—, y ¿qué demonios están haciendo aquí?

La señora Darbus enderezó los hombros y estiró el cuello.

—Se llama crimen y castigo..., entrenador Bolton —dijo fríamente—. Y el contacto con el arte limpia el alma —añadió moviendo el brazo hacia el escenario.

Desgraciadamente, Chad eligió ese momento para despertarse de repente y caerse del árbol de utilería.

El entrenador Bolton hizo un esfuerzo por contenerse.

—¿Podemos hablar un momento? —dijo en la voz más baja que pudo—. Ustedes dos, al gimnasio. ¡Ahora mismo! —añadió señalando a Troy y a Chad.

Troy y Chad se pusieron en pie de un salto, encantados de verse repentinamente libres. Mientras corrían hacia la puerta, Troy metió la mano en el cubo y se llevó su celular.

Y se fueron. Gabriella no había dejado de mirarlos ni un momento.

El director Matsui estaba sentado ante su escritorio, mirando con resignación al entrenador de baloncesto y a la profesora de teatro del instituto. El entrenador estaba furioso. La profesora de teatro, desafiante. Y el director empezaba a notar un familiar ardor en su estómago...

—Si tienen que pintar decorados como castigo, que lo hagan esta noche, no a la hora del entrenamiento —dijo el entrenador.

La señora Darbus apeló al sentido de justicia del director.

—¿Si fueran actores de teatro en vez de deportistas, pediría un trato especial? —preguntó.

—Darbus, faltan sólo unos días para el partido más importante del año —dijo el entrenador Bolton, exasperado.

—Y nosotros estamos en plenas pruebas para nuestro musical de invierno —respondió la profesora de teatro—. Este instituto tiene que ser algo más que unos jóvenes en pantalones cortos lanzando balones para anotar goles.

—Canastas —dijo el entrenador apretando los dientes—. Se llaman canastas.

El director Matsui suspiró cansado.

—Escuchen, muchachos, ustedes tienen esta discusión desde..., déjenme pensar..., *¡desde el día que empezaron a trabajar aquí!* —dijo alzando la voz—. Somos un instituto, una comunidad de alumnos y profesores. ¿No podemos ponernos de acuerdo en eso? —añadió en un tono de voz más razonable.

El entrenador y la profesora de teatro lo miraron incrédulos. Estaba claro que no iban a estar de acuerdo en nada.

El director movió la cabeza y cogió un balón de baloncesto diminuto de su mesa. Lo lanzó a la pequeña canasta que había en la pared.

—Por cierto, ¿qué tal va el equipo? ¿Troy les ha puesto en forma? —preguntó.

La señora Darbus puso los ojos en blanco.

Una vez ganada su última escaramuza con la señora Darbus, el entrenador Bolton volvió al gimnasio. Caminó frente a su equipo y les recordó la triste verdad que todos conocían.

—Los Knights del Instituto West nos han echado de la final tres años seguidos. Y ahora estamos a un partido de arrebatarles el campeonato.

Se detuvo para mirar a los jugadores de uno en uno.

—Ha llegado el momento de establecer nuestra estrategia. El equipo son ustedes y ustedes son el equipo. Y el equipo no existe si cada uno de ustedes no está totalmente centrado en nuestro objetivo.

Miró a Troy y a Chad.

—¿Queda claro? —añadió elocuentemente.

Ellos asintieron mientras todo el equipo gritaba.

—¡Linces! ¡Mantén la cabeza en el juego!

El entrenador asintió satisfecho. Estaban motivados. Estaban preparados. ¡Iban a ganar!

El castigo de la señora Darbus había terminado y Taylor y Gabriella por fin estaban libres.

—Nunca hemos pasado de la primera ronda del Decatlón Académico —dijo Taylor mientras atravesaban el patio juntas—. Tú podrías ser la respuesta a nuestras oraciones.

Gabriella sonrió, se sentía halagada, pero no cambió de opinión.

—Voy a centrarme en mis estudios este semestre y ayudar a mi madre a organizar la nueva casa. Tal vez el año que viene.

—Pero... —empezó a decir Taylor.

Gabriella buscó la manera de cambiar de tema y enseguida se le ocurrió algo por lo que sentía bastante curiosidad.

—¿Qué sabes de Troy Bolton?

—¿Troy? —contestó Taylor sorprendida—. No creo que yo sea una experta en esas subespecies.

Seis porristas se estaban acercando a ellas; iban en grupo, como de costumbre. En los ojos de Taylor apareció un brillo travieso.

—A menos que hables como las porristas. "*¿A que Troy Bolton es un súper bombón?*" —dijo entrecortadamente imitando la voz entusiasta de las chicas de la porra.

Éstas asintieron y se pusieron a chillar emocionadas.

—¿Entiendes lo que quiero decir? —añadió Taylor a Gabriella.

Gabriella se echó a reír.

—Creo que no sabría hablar así.

Taylor asintió, contenta de que estuviera de acuerdo.

—Ésa es la razón por la que existimos nosotros en un universo alternativo al de Troy-el-chico-del-baloncesto.

Gabriella asintió. Sabía que Taylor tenía razón. En todas las escuelas había "cerebritos", deportistas, pandillas, porristas, vagos… y eran grupos cerrados. Nadie pasaba de un grupo a otro. Nadie.

Aun así…

—¿Has tratado de conocerlo? —preguntó.

Taylor se echó a reír por toda respuesta.

—Observa cómo son las cosas mañana en la cafetería, cuando comas con nosotros. Salvo que prefieras sentarte con las porristas y discutir la importancia de tener las uñas fuertes.

—Mis uñas pasaron a la historia —dijo Gabriella sonriendo y levantando las manos para demostrar que era verdad.

Taylor se rió y le enseñó las suyas. Estaban tan mal como las de Gabriella.

—¡Hermana! —gritó mientras chocaban los cinco en un gesto de solidaridad de "cerebritos".

Era casi de noche, pero Troy seguía en el patio de su casa, lanzando balones a la canasta. Su padre le observaba con aprobación; su chico sabía moverse. "Muy bien. Francamente bien", pensó.

Tenía que procurar que no se desconcentrara. Ahora no.

—Todavía no entiendo lo del castigo —dijo.

—Fue culpa mía —contestó Troy rápidamente, esperando que no se convirtiera en una discusión—. Lo siento, papá.

—Darbus aprovechará cualquier ocasión para arremeter contra mí y contra ti también —le recordó su padre.

Troy asintió, pero estaba pensando en otras cosas.

—Papá —dijo al cabo de un rato sin mucha convicción—. ¿Alguna vez pensaste en probar a hacer algo nuevo, pero tuviste miedo de lo que pudieran pensar tus amigos?

—¿Te refieres a avanzar por la izquierda? —preguntó su padre—. Lo estás haciendo bien.

Troy suspiró, pero volvió a intentarlo.

—Quiero decir: ¿qué pasa si intentas hacer algo completamente nuevo y es un desastre y tus amigos se ríen de ti?

—Entonces es que tal vez no eran tus amigos —dijo su padre—. Eso es lo que quería decir esta tarde cuando hablaba de "equipo". Tienen que cuidarse unos a otros. Y tú eres su líder.

—Sí, pero... —Troy se sentía frustrado. Estaba confundido por lo de Gabriella y el musical, y por lo que había sentido cantando con ella y su padre no pensaba más que en el partido de baloncesto.

—Va a haber cazatalentos de la universidad en el partido de la semana que viene, Troy —dijo su padre como si Troy necesitara que se lo recordaran—. ¿Sabes lo que vale una beca actualmente?

—¿Mucho? —preguntó Troy. No necesitaba preguntarlo. Sabía que con una beca de baloncesto podía pagar cuatro años de universidad. Ayudaría mucho a sus padres económicamente. Y le ayudaría a solucionar su futuro.

Su padre asintió.

—Concéntrate, Troy.

Troy asintió. Eso era lo que tenía que hacer. Concentrarse. Concentrarse en el baloncesto. "No pienses en nada más", se dijo a sí mismo, "ni siquiera en cantar".

Sobre todo no pienses en cantar.

CAPÍTULO CINCO

A la mañana siguiente, Troy entró en su clase y la primera persona a la que vio fue a Gabriella. La miró a hurtadillas y se dio cuenta de que ella también lo estaba mirando. Los dos sonrieron con vergüenza y miraron para otro lado al oír a la señora Darbus.

—Espero que el castigo de ayer les haya servido para aprender modales en clase, ¿no es así?

Todos asintieron muy obedientes.

—Si no, tenemos unos artículos de vestuario que necesitan una mano de pintura —advirtió—. Y ahora, unos cuantos avisos. Las pruebas musicales, tanto las individuales como las de parejas, van a hacerse esta mañana en la hora libre. Estaré en el teatro hasta las doce para todos aquellos que se atrevan a investigar las posibilidades de su espíritu creativo.

Detrás de Troy, Chad puso los ojos en blanco y se inclinó hacia delante.

—¿A qué hora tiene que volver a la nave nodriza? —dijo en voz baja.

Sus amigos se rieron. Troy sonrió molesto. Durante el resto de la clase, trató de concentrarse. "Baloncesto", se repetía una y otra vez. "No pierdas de vista el trofeo, Troy. No pienses en nada más que en el baloncesto."

Cuando la señora Darbus los dejó salir, todos se amontonaron en el pasillo. Chad le alcanzó en seguida.

—Oye, Troy… Todo el equipo va a estar en el gimnasio durante el tiempo libre. ¿Vas a prepararnos?

—No puedo ir. Tengo muchos deberes atrasados.

Chad no reaccionó a tiempo.

—¿Qué? Oye, amigo, sólo hace dos días que volvimos —protestó.

—Imagínate, tengo los deberes retrasados desde preescolar.

Troy sonrió y se encogió de hombros.

—Luego te veo —dijo y se perdió entre la multitud.

Chad se quedó mirándolo desconcertado.

—¿Deberes? —se preguntó—. Imposible.

Se fue detrás de Troy dispuesto a descubrir su secreto.

"Chad nunca sería un buen espía", pensó Troy, viendo a su amigo por el rabillo del ojo. Vio la puerta de una clase abierta y se metió rápidamente. Vio que Chad se asomaba a mirar y empezó a hablar con un par de estudiantes para disimular. En ese momento, alguien que pasaba por el pasillo llamó a Chad. En cuanto Troy vio que su amigo estaba distraído, salió sigilosamente por la puerta de atrás del salón, echó a correr por el pasillo y bajó las escaleras a toda velocidad.

La escalera daba al patio. Cuando atravesaba el patio corriendo, vio a su padre que se dirigía hacia él. Pensando rápidamente, se escondió detrás de un muro y abrió la puerta de la tienda de piezas de automóviles. Se metió en ella justo cuando su padre se acercaba.

"¡Qué raro!", se dijo el entrenador Bolton, "habría jurado que acabo de ver a Troy..." Miró a su alrededor, pero no veía a su hijo por ninguna parte. El entrenador se encogió de hombros. "Debo estar viendo visiones. Será por la presión del partido", pensó. Y siguió andando.

Las tácticas evasivas y la agilidad de las piernas de Troy le resultaron muy útiles para moverse rápidamente entre las grandes piezas de la tienda de repuestos de automóviles. El profesor encargado de la tienda se le acercó cuando estaba llegando a la puerta.

—Es para cortar camino... —le explicó Troy rápidamente—, voy a llegar tarde a clase...

Se escabulló por la puerta, echó a correr por el pasillo y entró en el teatro del instituto por la parte de atrás del escenario.

Miró por el telón y vio que llegaban muchos chicos, ansiosos de hacer la prueba. Vio el carrito del conserje con un trapeador y una cubeta. Puso el trapeador al revés para que no se viera y empujó el carrito por una rampa del lateral del teatro hasta llegar a una zona oscura en las últimas filas del auditorio.

Desde su escondite vio a la señora Darbus subir al escenario y empezar las pruebas con su característico estilo dramático.

—Aquí es donde se puede ver la verdadera expresión del artista, donde la verdad interior se revela a través del viaje del actor, donde... —se calló de repente para observar todo el teatro.

—¿Ha sonado un teléfono celular? —dijo bruscamente.

Kelsi, la compositora del musical de este año, estaba sentada al piano en el escenario.

—No, señora, era el timbre del tiempo libre —contestó tímidamente.

La señora Darbus asintió, satisfecha de que su dominio no hubiera sido invadido.

—Los que deseen hacer la prueba deben comprender que el tiempo es fundamental, tenemos que elegir muchos papeles y las pruebas definitivas serán la próxima semana. Primero cantarán unas cuantas estrofas y yo les daré mi opinión sobre si el teatro es lo suyo o no. Es mejor que lo sepan por mí que por sus amigos. Nuestra compositora, Kelsi Nielsen, les acompañará y estará en los ensayos previos a las segundas pruebas. ¿De acuerdo?

Se sentó en la primera fila y se preparó para lo que la esperaba. Tenía demasiados años de experiencia en pruebas de estudiantes. Sabía que no iba a ser nada fácil.

El primer estudiante, un chico tímido con una voz ligeramente monótona, subió al escenario. Kelsi empezó a tocar la canción de la prueba, *What I've been looking for* y él empezó a cantar. Cuando terminaron, la señora Darbus pensó que no había sido *horrible*, pero no llegaba al nivel de calidad que ella buscaba. La siguiente fue Susan, cuya voz desafinada y sus gestos demasiado entusiastas eran... "Bueno", pensó la señora Darbus, "son espantosamente malos." Se estremeció mientras Susan cantaba a grito pelado.

—Está bien, Susan —dijo la señora Darbus cuando acabó la prueba—. Quizá sea mejor reservar tu voz para reuniones familiares.

Después saltó Alan al escenario, sonriendo. Tenía mucho estilo para vestir, pero, cuando abrió la boca, la señora Darbus comprendió tristemente que como cantante era terrible.

—Alan, admiro tu coraje —le dijo—. En cuanto a tu voz..., llevas unos zapatos preciosos. El siguiente...

La siguiente era Cyndra, que lanzó un agudo gemido que hizo que la señora Darbus hiciera un gesto de dolor.

—Ay, Cyndra, demuestras mucho valor al querer alcanzar una nota a la que nunca se ha llegado naturalmente —dijo tratando de ser positiva—. ¡Bravo! —se corrigió a sí misma inmediatamente, después de todo, si había algo que conocía bien era la terminología teatral. Bravo se decía para felicitar y Cyndra no merecía una... felicitación ¿Qué te parece... el musical de primavera?

Pensó que ya había llegado al límite de sus fuerzas, pero eso fue antes de escuchar la prueba siguiente, un chico y una chica que hacían gestos extraños y daban pequeñas volteretas mientras cantaban con voces hipnóticamente monótonas.

—Bien... —dijo al fin la señora Darbus—. Ha sido... sencillamente inquietante. Vayan a ver a un psicólogo.

Mientras Troy observaba las pruebas con añoranza, sintió que le daban unos golpecitos en el hombro. Era Gabriella.

—¡Eh! ¿Decidiste apuntarte a algo? —preguntó.

—No —contestó—. ¿Y tú?

Ella negó con la cabeza.

—No —dijo antes de darse cuenta de su "disfraz"—. ¿Por qué te escondes detrás del trapeador?

Avergonzado, retiró el trapeador con torpeza.

Gabriella lo miró con complicidad.

—Tus amigos no saben que estás aquí, ¿verdad?

—Verdad —reconoció Troy después de dudar un instante.

Miró hacia el escenario donde seguían las pruebas y las negativas de la señora Darbus.

—La señora Darbus es un poco... dura —dijo Troy.

—¿La superestrella de los Linces tiene... miedo? —preguntó ella, desafiándolo con una sonrisa.

—Miedo no..., sólo... —volvió a dudar y después bajó la guardia— estoy asustado.

—A mí me pasa igual —añadió Gabriella aliviada. Miró a la señora Darbus, que estaba descartando a otro esperanzado cantante—. Estoy espantosamente asustada.

Mientras la observaban muy nerviosos, la señora Darbus miró su tablilla de notas.

—Para los papeles principales de Arnold y Minnie sólo tenemos apuntada una pareja —dijo sonriendo cálidamente a sus alumnos estrella—. No obstante, Sharpay y Ryan, creo que no vendría mal que nos hicieran una demostración de por qué nos reunimos en este sagrado lugar.

Era el momento que esperaban Sharpay y Ryan. Habían hecho una entrada espectacular en el escenario, cada uno desde un lado, e hicieron una reverencia al auditorio casi vacío, como si estuvieran en un teatro de Broadway lleno de público aplaudiéndoles.

Sharpay lanzó una mirada fulminante a Kelsi, quien se sobresaltó al darse cuenta de que ella esperaba que les aplaudiera.

—¿Qué tono? —preguntó Kelsi tímidamente preparándose para tocar.

—Pedimos a nuestro pianista que hiciera unos arreglos —dijo Ryan con aire de suficiencia levantando un enorme aparato de música. Apretó el botón "play" y su hermana y él empezaron su número.

Tenían unas voces fantásticas, reconoció Kelsi para sus adentros, y ¡cómo bailaban! ¡Seguro habían tenido un coreógrafo profesional! Pero habían convertido su conmovedora balada en un número rápido y alegre. No pudo evitar sentirse decepcionada al oírles cantar.

Terminaron con una caravana profesional y sonrieron muy orgullosos. Eran buenos y lo sabían.

Después de esa prueba, lo sabía también todo el mundo. Los pocos chicos que estaban armándose de valor para presentarse a la prueba, salieron sigilosamente del teatro en el último momento, totalmente intimidados.

—¡No se desanimen! —les gritó Ryan—. El Club de Teatro no sólo necesita cantantes, también necesita *fans*. ¡Compren entradas!

Kelsi se armó de valor y se acercó a Sharpay y a Ryan.

—La verdad es que, si hacen esos papeles... con esa canción, esperaba que...

—*¿Si* hacemos esos papeles? —la interrumpió Sharpay—. Kelsi, he estado en diecisiete obras del instituto. ¿Cuántas veces han elegido *tus* obras?

—Ésta es la primera vez —reconoció Kelsi.

—¿Y eso qué significa? —preguntó Sharpay.

Kelsi hizo una pausa, no sabía qué respuesta se esperaba de ella.

—¿Debo escribir más solos para ti?

Sharpay negó con la cabeza.

—Significa que *no* tienes que dar instrucciones, sugerencias, ni hacer comentarios

—dijo en tono condescendiente—. Y deberías estar agradecida de que Ryan y yo estemos aquí para sacar tu música de su oscuridad actual. ¿Has entendido?

—Sí, señora —contestó Kelsi totalmente acobardada—. Quiero decir, Sharpay —añadió conteniéndose.

—Gracias —dijo Sharpay con tono de despedida.

Ella y Ryan giraron sobre sus talones y salieron con paso majestuoso de futuras superestrellas.

Kelsi empezó a recoger sus partituras, con el pulso acelerado después del encuentro con el ego de un famoso.

—Bien, ya no nos queda tiempo. ¿Hay alguna inscripción de última hora? —preguntó la señora Darbus mirando a su alrededor—. ¿No? Bien. Ya está.

Guardó la tablilla en el bolso que llevaba al hombro y se dispuso a marcharse. Gabriella respiró hondo. "Ahora o nunca", pensó. Sin pensarlo dos veces, se acercó corriendo a la profesora de teatro.

—Me gustaría hacer una prueba, señora Darbus.

La señora Darbus negó con la cabeza.

—En el mundo del teatro la oportunidad es importante, jovencita. Además, las pruebas individuales son largas, muy largas. Y no hay más parejas.

Entonces, desde la oscuridad se oyó la voz de Troy.

—Yo cantaré con ella —dijo saliendo de las sombras y poniéndose al lado de Gabriella.

—¿Troy Bolton? —la profesora de teatro parecía más que sorprendida. Parecía desconfiar—. ¿Dónde está tu... grupo de deporte o como se llame?

—Equipo —dijo Troy amablemente—. He venido solo.

Miró a Gabriella sonriendo.

—Estoy aquí para cantar con ella —añadió.

—Sí, bueno, aquí, en el Instituto East nos

tomamos muy en serio estos espectáculos —dijo la señora Darbus desdeñosamente—. Llamé para la prueba de parejas y no contestaron —señaló su reloj—. El tiempo libre ha terminado.

—Quizá en el próximo musical —añadió después haciendo un esfuerzo para parecer amable.

Mientras la profesora iba hacia la parte de atrás del auditorio, Kelsi salía del escenario agarrando sus partituras con fuerza. Estaba tan distraída por los dramáticos sucesos —dentro y fuera del escenario— que tropezó con una de las patas del piano y cayó al suelo. Sus partituras se desparramaron por todas partes.

Troy subió al escenario de un salto, la ayudó a levantarse y se puso a recoger los papeles. Kelsi no movió un dedo para ayudarlo. Estaba anonadada. ¿Troy Bolton? ¿Troy Bolton en persona, el jugador estrella del instituto, estaba ayudándola? Se quedó mirándolo paralizada.

Troy no se dio cuenta de la reacción que provocaba en Kelsi.

—¿Compusiste tú la canción que acaban de cantar Sharpay y Ryan? —preguntó.

Kelsi asintió, incapaz de decir nada.

—¿Y todo el musical? —añadió Troy.

Kelsi apenas pudo asentir.

—¡Es genial! —dijo realmente impresionado—. Me muero de ganas de oír el resto. ¿Por qué les tienes tanto miedo a Sharpay y a Ryan? —siguió diciendo al ver que ella no contestaba—. Es tu musical.

Kelsi estaba tan asombrada que balbuceó un par de palabras.

—¿De verdad?

—¿Acaso el compositor de un musical no es como el base en baloncesto? —preguntó él.

—¿El base? —Kelsi no había oído ese término en su vida, pero le gustaba cómo sonaba.

—La persona que hace que todos los demás parezcan buenos —explicó Troy—. Sin ti *no* hay musical. Tú eres el base aquí, Kelsi.

—¿En serio? —Kelsi nunca lo había visto así. Pero ahora que Troy Bolton, el verdadero Troy Bolton, lo decía, le parecía bastante razonable.

Sintiéndose fuerte y atrevida por primera vez, se sentó al piano.

—¿Quieren oír cómo se supone que suena ese dueto? —preguntó.

Empezó a tocar la canción de la prueba que habían arreglado Sharpay y Ryan. La tocó más lenta, con sentimiento y alma. Gabriella y Troy escuchaban con creciente entusiasmo.

—¡Guau! Es muy bonita —dijo Troy.

Kelsi empujó la partitura hacia Troy.

Él la miró. ¿Se atrevería a cantar?

Gabriella también la miró, sintiéndose tentada.

Después, Troy empezó a cantar bajito:

It's hard to believe
That I couldn't see
You were always there beside me.

Gabriella no tardó en unirse a él, un poco más segura:

Thought I was alone
With no one to hold.

Cuando cantaban juntos, las armonías se fundían perfectamente.

Los dos sentían el mismo bienestar que habían sentido en la fiesta de Fin de Año. Kelsi sonreía mientras escuchaba aquella simple y pura interpretación de su canción. Era así como había soñado que sonaría.

Cuando terminaron, la señora Darbus salió de la oscuridad junto a la puerta trasera. Había estado observando y escuchando todo el rato. Y lo que había visto y oído la había sorprendido gratamente.

—Bolton, Montez, tienen una segunda prueba —dijo mientras escribía sus nombres en la tablilla—. Kelsi, dales el dueto del segundo acto. Trabájalo con ellos.

Sonó el timbre. La señora Darbus se fue a su siguiente clase dando grandes zancadas mientras Gabriella y Troy se miraban atónitos. ¿Y ahora qué?

Kelsi les dio la partitura.

—Si quieren ensayar, suelo estar en el salón de música en la hora libre y después de las clases… —dijo entusiasmada— y a veces también en mi hora de biología.

Todo estuvo tranquilo hasta la mañana siguiente. Entonces, Sharpay entró en la escuela. Leyó la hoja que había colocado la señora Darbus y en la que estaban apuntados los que participarían en una segunda ronda de pruebas. Y vio la temida frase…

—¡¡¡Segunda prueba!!! —su grito resonó por los pasillos del Instituto East.

Ryan llegó corriendo junto a ella y leyó la hoja en voz alta.

—Segunda prueba para los papeles de Minnie y Arnold, el próximo jueves, 3:30 p.m. Sharpay y Ryan Evans. Gabriella Montez y Troy Bolton.

—¿Es una broma? —preguntó Sharpay furiosa—. Ni siquiera hicieron la prueba.

—¿Será una cámara oculta? —sugirió Ryan—. A lo mejor nos están filmando. ¡Saldremos en la televisión!

—¡Cállate, Ryan! —gruñó Sharpay.

Para entonces, había una multitud de estudiantes reunida ante el tablón de anuncios. Chad, Jason y Zeke, compañeros de equipo de Troy, estaban entre los que miraban la lista.

Chad vio el nombre de Troy. Puso una cara de total y absoluto asombro.

—¡¡¿¿Qué??!! —gritó.

A la hora de comer, la noticia de que Gabriella y Troy habían hecho la prueba para el musical se había extendido por toda la escuela.

Al entrar en la cafetería, los estudiantes ocuparon sus sitios habituales. Los deportistas se sentaron con los deportistas, los "cerebritos" con los "cerebritos", los del teatro con los del teatro. Los patinadores, porristas, gamberros..., cada uno se sentó con los suyos.

Así era como tenían que ser las cosas. Ordenadas. Predecibles. Comprensibles.

Sharpay presidía la mesa de los chicos del teatro. Kelsi se sentaba en el extremo más alejado, escuchándolo todo, pero sin decir nada, como de costumbre.

—¿Cómo se ha atrevido a apuntarse? —dijo Sharpay—. Ya había elegido los colores para mi camerino.

—Y ni siquiera ha pedido permiso para unirse al Club de Teatro —señaló Ryan apoyándola.

—Alguien tiene que decirle cuáles son las normas —decidió Sharpay.

—Exactamente —asintió su hermano. Se quedó pensando un momento—. ¿Cuáles son las normas? —preguntó.

Como si estuviera esperando que le dieran permiso, Zeke, un jugador de baloncesto alto y corpulento con una sonrisa asesina, se puso a cantar. Los otros deportistas se acercaron curiosos. Zeke los miró y aspiró profundamente.

—Si Troy reconoce que canta, yo también puedo contar mi secreto. Hago pasteles —les dijo en voz baja.

—¿Qué? —Chad no podía creer lo que acababa de oír.

Pero después de confesarlo, Zeke se sintió liberado.

—Me encanta la repostería —añadió—. Bollos, tartas de manzana, hasta el clásico pastel de manzana —estaba demasiado entusiasmado para callar—. Sueño con hacer la *crème brûlée* perfecta —dijo mientras Chad hundía la cara en las manos.

Los deportistas estaban horrorizados. Empezaron a cantar a toda prisa:

No, no, no, noooooo
Quédate en tu equipo
Si quieres ser estupendo
Sigue una regla simple
No te mezcles con la masa, no, no,
Quédate en tu equipo.

Pero Zeke había provocado algo. En la mesa de las "cerebritos", Martha Cox, una chica estudiosa que llevaba gafas y falda y jersey lisos, se levantó de la mesa de repente.

—¡El *hip-hop* es mi pasión! —dijo abriendo los brazos—. ¡Me encanta!

Hizo una demostración de varios movimientos y una de las "cerebritos" se preocupó.

—¿Eso es legal? —preguntó a la mesa.

Martha se volvió hacia la chica preocupada.

—Es sólo un baile. Y la verdad es que, a veces, es mucho mejor que… —respiró profundamente, se armó de valor y acabó la frase— ¡las tareas!

Sus amigas la miraron como si estuvieran a punto de desmayarse.

Mientras tanto, al otro lado de la cafetería, un patinador se puso en pie.

—Si Troy puede estar en un musical, yo también confesaré algo —dudó y luego lo soltó—: toco el violonchelo.

—Impresionante —dijo otro patinador—. ¿Qué es eso?

El que acababa de confesar simuló tocar el violonchelo, pero en la cara de su amigo no vio más que confusión.

—¿Una sierra?

—No, es como un violín gigante —explicó el primer patinador.

—¿Tienes que ponerte un traje? —preguntó el segundo patinador.

—Traje y corbata —dijo el violonchelista desenmascarado.

—Eso es ridículo —respondió su amigo.

¡El espíritu de rebelión iba en aumento! El patinador saltó a su mesa y simuló tocar el violonchelo con entusiasmo.

Martha, la "cerebrito", hacía unos fantásticos movimientos de *hip-hop* encima de su mesa, bailando y balanceándose al ritmo que tenía en la cabeza.

Los estudiantes que habían confesado sus pasiones secretas estaban ahora encima de sus respectivas mesas de la cafetería como si estuvieran en un escenario, cantando a viva voz.

¡Al final, Sharpay se hartó!

—¡Cállense todos! —gritó—. Su voz resonó en la cafetería. Todos los estudiantes se quedaron quietos y miraron a Gabriella y a Taylor, quienes acababan de entrar en la cafetería y estaban recogiendo sus bandejas.

Gabriella se dio cuenta de que las miraban —¿por qué te están señalando? —dijo nerviosa.

—No es a mí —contestó Taylor—. Es a ti.

—¿Por lo de la segunda prueba? —el recuerdo de aquella horrible experiencia en el coro de la iglesia volvió a su mente—. No soporto que me miren. No lo soporto.

Cuando iban hacia su mesa zigzagueando entre la multitud, Gabriella tropezó. Su bandeja salió volando y las papas fritas, la salsa y el queso fundido cayeron encima... de Sharpay.

Sharpay se quedó inmóvil, con expresión imperturbable, y Gabriella trató de limpiar los restos de comida de la blusa de Sharpay. Pero lo único que consiguió fue ensuciarla más.

En ese momento, Troy entró en la cafetería y se dio cuenta de lo que pasaba.

Se acercó a ayudar a Gabriella, pero Chad lo interceptó rápidamente.

—No puedes meterte en eso, Troy —le advirtió su amigo—. Es demasiado peligroso.

Arrastró a Troy hasta el lugar más seguro de la sala: su mesa habitual. Troy miró a su alrededor y se dio cuenta de que la cafetería hervía de energía y excitación.

—¿Qué pasa? —preguntó.

—Veamos —contestó Chad—. Faltaste al entrenamiento de la hora libre para hacer la prueba de un absurdo musical. De repente la gente... está confesando. Zeke se dedica a preparar... *crème brûlée*.

Troy frunció el ceño, tratando de seguirle. Era una información muy confusa. Preguntó para aclararse.

—¿*Crème brûlée?* ¿Qué es eso?

—Una crema parecida a las natillas, más espesa y con la superficie caramelizada —dijo Zeke, feliz de poder hablar por fin de su pasión secreta—. Llena mucho.

Chad puso los ojos en blanco. ¡Esto estaba yendo demasiado lejos!

—¡Cállate, Zeke! —gritó. Luego se volvió hacia Troy—. ¿Ves lo que está pasando? Nuestro equipo está separándose por culpa de tu canto. Hasta los gansos del teatro y los "cerebritos" creen que pueden... hablar con nosotros. Los patinadores están... mezclándose con los demás. De repente, la gente cree que puede... hacer otras cosas. ¡Cosas que... *no son lo suyo!*

Señaló con un gesto dramático a los chicos que estaban sentados a la mesa de Sharpay.

—Se han enterado de que estás pensando en cantar en el musical, cuando *tenemos* el partido de la final la semana que viene.

En ese momento entró en la cafetería la señora Darbus y notó una desacostumbrada agitación entre los estudiantes. Vio a Sharpay que trataba de limpiarse la blusa con una servilleta, sin éxito.

—¿Qué ha pasado aquí? —preguntó.

—¡Mire! —gritó Sharpay indignada—. Esa chica, Gabriella, me tiró su comida encima... a propósito. Es parte de su plan para arruinar nuestro musical.

Señaló la mesa de los deportistas con un dedo acusador.

—Y obviamente, Troy y sus robots del baloncesto están detrás de todo, ¿por qué cree que se presentó a la prueba?

Sharpay notó que estaba convenciendo a la señora Darbus de que estaban tramando una conspiración. Sonrió ligeramente y siguió en un tono más suave.

—Después de todo lo que ha hecho usted por ese musical, no me parece justo.

Kelsi observaba y escuchaba mientras Sharpay intentaba convencer a la señora Darbus. Pero, a pesar de su recién adquirida confianza en sí misma, todavía no podía enfrentarse a la reina del Club de Teatro: la señora Darbus.

Aún no.

El entrenador Bolton estaba comiéndose un bocadillo en su despacho y leyendo la página de deportes del periódico cuando la señora Darbus entró sin llamar.

Dejó caer el periódico con un suspiro; había estado disfrutando de un almuerzo muy agradable y tranquilo.

—Bien, Bolton, las cartas sobre la mesa —dijo la profesora de teatro.

—¿Eh? —algunas veces, el entrenador pensaba que toda aquella fantasía en la que vivía la profesora estaba afectando a su cerebro. Parecía estar siempre en otro mundo.

—Le ha molestado que castigara a sus estrellas y ahora quiere vengarse, ¿verdad? —la señora Darbus estaba fuera de sí.

—¿De qué está hablando, Darbus? —el entrenador estaba francamente confundido.

—Su hijo se presentó a mis pruebas —dijo la señora Darbus—. Doy a todos los estudiantes una oportunidad, forma parte de la larga y honrosa tradición del teatro, algo que usted no comprendería, pero si está planeando hacer alguna broma en mi capilla de las artes...

El entrenador respondió con firmeza ante aquel aluvión de tonterías.

—Troy ni siquiera canta.

—Oh, en eso se equivoca. Pero no voy a consentir que mi musical *Twinkle Town* se convierta en una farsa...

El entrenador logró contenerse. Estuvo a punto de soltar una carcajada, pero consiguió ahogarla en el último instante.

—*¿Twinkle Town?*—preguntó.

Al parecer, su cara de póquer no era tan buena como él creía. La señora Darbus se dio cuenta de que estaba riéndose y supuso inmediatamente que él había mandado a Troy a la prueba para burlarse de ella.

—¡Lo sabía! —gritó—. ¡Lo sabía!

Mientras tanto, en la cafetería, Gabriella y Taylor seguían tratando de reponerse del caos que se había desatado.

—¿Sharpay está muy, muy enojada? —preguntó Gabriella—. Le dije que lo sentía.

—Nadie ha suplantado a nuestra Sharpay en un musical desde preescolar —explicó Taylor.

—Yo no pretendo suplantar a nadie —protestó Gabriella—. Ni siquiera estábamos haciendo una prueba. Sólo estábamos... cantando.

Taylor negó con la cabeza.

—No vas a convencerla de eso —dijo—. Si esa chica pudiera hacer de Romeo y de Julieta al mismo tiempo, su propio hermano se quedaría sin el papel.

—Ya te lo he dicho, simplemente... sucedió —después reconoció la verdad—. Pero... me gustó. Mucho.

Suspiró y decidió preguntar a Taylor algo que le rondaba en la cabeza desde la fiesta de Fin de Año.

—¿Nunca has tenido la sensación de que dentro de ti hay otra persona que está buscando el modo de salir?

Taylor la miró fijamente.

—No —dijo con decisión.

Sonó el timbre que marcaba el final del tiempo para comer. Sharpay salió de la cafetería indignada y sin decir nada, pero, antes, lanzó una mirada asesina a Gabriella.

Zeke se levantó para detener a Sharpay. Estaba contentísimo ahora que su pasión por la repostería había dejado de ser secreta.

—Oye, Sharpay —dijo—. Ahora que Troy va a estar en tu obra…

—¡Troy Bolton *no* está en mi obra! —le cortó.

—Pensé que a lo mejor quieres venir a verme jugar alguna vez —insistió Zeke sin inmutarse.

Sharpay echó la cabeza hacia atrás.

—Antes me clavaría alfileres en los ojos —dijo presuntuosamente.

—¿Y no ser[ia horriblemente molesto? —preguntó extrañado.

Ella puso los ojos en blanco exasperada.

—¡Evapórate, grandote! —dijo antes de marcharse furiosa.

—¡Hago pasteles…, si te sirve de algo! —le gritó Zeke, desanimado.

Al día siguiente, Gabriella abrió su *locker* y encontró una nota. La leyó rápidamente y después miró en dirección a una puerta amarilla que había al final del pasillo. Estaba un poco confundida y muy intrigada.

Abrió la puerta y encontró una escalera que llevaba al tejado. Subió la escalera y, al salir al maravilloso día de sol, vio a Troy sentado en un banco.

Estaba rodeado de plantas exuberantes cultivadas para experimentos hidropónicos.

—¿Éste es tu escondite particular? —preguntó sonriendo.

—Gracias al Club de Ciencias —dijo Troy—. Y eso significa que mis amigos ni siquiera saben que existe.

Gabriella se quedó pensando en eso. Sus compañeros de equipo no parecían ser sus únicos amigos.

—Me parece que todos en la escuela quieren ser tus amigos —señaló.

—A menos que perdamos.

Cuando Gabriella vio a Troy en el pasillo,
se quedó mirándolo boquiabierta.

No voy a apuntarme en nada aquí por ahora
—dijo Gabriella—. Primero quiero conocer la escuela.

¿Se iban a inscribir ustedes también? Mi hermano y yo hemos sido los protagonistas de todas las obras de la escuela –informó Sharpay a Gabriella.

Troy, la música de esos musicales no es *hip-hop*, ni *rock*, ni nada fundamental para la cultura —dijo Chad.

Cuando cantaron juntos,
Troy y Gabriella olvidaron los nervios
que les provocaba cantar ante una multitud.

"Es la primera vez que hago algo así",
dijo Gabriella.

Cuando el reloj dio las doce, Troy pensó: "La gente acostumbra besarse en Año Nuevo... ¿debería...?"

Tenemos cero tolerancia con los teléfonos celulares durante las clases —dijo la Señora Darbus—. Bienvenida al Instituto East, señorita Montez.

Cuando Troy y Gabriella cantaban juntos, las armonías se fundían perfectamente.

Nunca pensé en cantar, eso es seguro —dijo Troy—. Hasta que apareciste tú.

¿Qué clase de hechizo te ha hecho esa tentadora chica de elevado coeficiente intelectual para que de repente quieras estar en un musical?
—preguntó Chad.

La confianza de Gabriella creció mientras cantaba con Troy en la audición.

Nuestro equipo de Decatlón Académico tiene su primer campeonato la semana que viene y seguro que hay un puesto para ti —le dijo Taylor a Gabriella.

Esta mañana, durante el tiempo libre, tendrán la oportunidad de presentarse a las audiciones –informó la Señora Darbus.

¿Por qué les tienes tanto miedo a Sharpay y a Ryan? —le dijo Troy a Kelsi—. Es tu musical.

Sharpay y Ryan estaban demasiado orgullosos de su audición.

"Parece un poco triste por eso", pensó ella. "La presión debe ser muy fuerte, sobre todo si..."

—Estoy segura de que es difícil ser el hijo del entrenador —dijo.

Troy se encogió de hombros.

—Supongo que hace que practique más que los demás. No sé lo que va a decir cuando se entere de que me gusta cantar —respondió.

—¿Te preocupa? —Estaba sorprendida. Troy parecía tan calmado, tan seguro de sí mismo. No parecía ser de los que se preocupan por nada.

Pero Troy asintió.

—Los amigos de mis padres siempre dicen: "Tu hijo es la estrella del baloncesto, debes de estar muy orgulloso". A veces no quiero ser la estrella del baloncesto. Sólo quiero ser... un muchacho normal.

Gabriella sonrió con comprensión, él no quería ser la estrella del baloncesto igual que ella no quería ser la chica prodigio. Los dos eran mucho más que eso...

—Vi cómo trataste a Kelsi ayer, en la prueba —dijo en voz baja—. ¿Tus amigos conocen a *ese* chico?

Troy negó con la cabeza.

—Para ellos, yo soy el jefe.

—Entonces no te conocen tan bien, Troy —hizo una pausa y pensó que había llegado el momento de confesarle algo a él—. En las otras escuelas yo era la niña prodigio de las matemáticas. Es estupendo llegar aquí y ser... quien yo quiera ser. Cuando cantaba contigo, me sentí... una chica normal.

—Incluso lo parecías —dijo él, bromeando.

Ella se echó a reír, contenta de que la seriedad del momento se hubiera suavizado un poco.

—¿Recuerdas cuando en preescolar conocías a un niño, no sabías nada de él y diez segundos después ya era tu mejor amigo, porque no tenías que ser nada más que tú mismo? —preguntó.

—Sí... —la voz de Troy sonó nostálgica.

—Al cantar contigo sentí algo así —añadió Gabriella sinceramente.

—Nunca pensé en cantar, eso es seguro —dijo Troy—. Hasta que apareciste tú.

—Entonces, ¿de verdad quieres ir a la segunda prueba? —preguntó.

Se quedó pensándolo un momento mientras la miraba fijamente. Luego sonrió.

—Llámame el chico de la segunda prueba.

Ella sonrió. Era una sonrisa radiante de pura felicidad.

—Eres genial, Troy. Pero no por lo que creen tus amigos —bajó la vista sintiéndose un poco nerviosa y se levantó rápidamente—. Gracias por enseñarme tu escondite supersecreto. Como en preescolar.

Entonces sonó el timbre, rompiendo el encanto y haciendo que Troy se diera cuenta de que llegaba tarde. ¡Y eso significaba castigo!

El día siguiente, Kelsi estaba sentada al piano sola, tocando con pasión y energía. No había nadie en la sala. Sólo Kelsi y su música. Justo como le gustaba a ella.

Troy estaba sentado en una escalera, practicando la canción de la prueba. Le gustaba cómo sonaba su voz.

En ese momento, Ryan dobló una esquina y aflojó el paso para escuchar. Habría jurado que había oído cantar a alguien…

Mientras tanto, Gabriella había encontrado su propio sitio privado con buena acústica: el cuarto de baño de las chicas. Se puso delante del espejo y empezó a cantar.

Sharpay iba a clase cuando le pareció oír el débil sonido de una canción. Volvió la cabeza para ver de dónde venía… ¡De ahí! Abrió la puerta del cuarto de baño y miró por todos lados para ver de dónde venía la música.

No encontró nada.

"He ensayado demasiado", pensó Sharpay al salir del baño. "¡Empiezo a oír música por todas partes!"

Gabriella salió del escondite a toda prisa y sonrió.

Ese mismo día, más tarde, en la sala de ensayos de la escuela, Kelsi tocó el piano para Gabriella y la ayudó a entonar su canción.

Luego llegó el turno de Troy. Practicó todo lo que pudo, pero cantar era más difícil de lo que él creía. Cuando empezaba a frustrarse demasiado, Kelsi paraba para darle ánimos.

"Es como el baloncesto", pensó. "Tienes que seguir practicando."

Y volvía a empezar.

Los demás jugadores de baloncesto estaban en el gimnasio, calentando para entrenar. El entrenador Bolton no hacía más que mirar el reloj. ¿Dónde estaba Troy?

Frunció el ceño. A ese chico le pasaba algo. Algo raro. Algo distinto. Y estaba siendo un obstáculo para su sueño de ganar el campeonato.

Al entrenador no le gustaba. No le gustaba nada.

Le habría gustado aún menos si hubiera sabido dónde estaba Troy.

Castigado. Otra vez.

Lo único bueno era que Gabriella también estaba allí. Se miraban a hurtadillas mientras pintaban los decorados. Los dos sonreían misteriosamente. Los dos oían la canción de la prueba en sus cabezas.

Por fin acabó el castigo. Troy entró en el gimnasio corriendo… para ver que el entrenamiento también había terminado.

Los jugadores iban hacia el vestidor.

—Voy a quedarme un rato para practicar los tiros libres —dijo a su padre, esperando recuperar un poco el tiempo que había perdido.

El entrenador Bolton asintió fríamente por toda respuesta.

—Puesto que has llegado tarde al entrenamiento... otra vez..., creo que tus compañeros de equipo se merecen que hagas un esfuerzo extra.

Lo miró con gesto severo y se fue a su despacho.

Troy suspiró. Empezó a lanzar tiros a la canasta encestando uno tras otro.

Gabriella asomó la cabeza por la puerta. Él le sonrió y le hizo señas para que entrara.

Ella entró cautelosamente, mirando a su alrededor con curiosidad.

—¡Guau! Así que éste es tu... verdadero escenario.

—Supongo que puede llamarse así —contestó él—. O simplemente un gimnasio apestoso.

Le lanzó el balón. Ella lo agarró y lo lanzó. Entró y Troy se volvió hacia ella sorprendido.

—¡Guau...! ¿No me digas que también se te da bien el baloncesto?

—Una vez marqué cuarenta y un puntos en un partido del campeonato de liga —dijo muy seria.

—No es posible —dijo él impresionado.

—Sí —dijo ella riéndose—. Ese mismo día inventé la lanzadora espacial y las palomitas de microondas.

Él se echó a reír, le quitó el balón, lanzó un tiro y falló. Ella lo cogió al rebote.

—He estado ensayando con Kelsi —dijo.

—Ya lo sé —respondió él—. Yo también. Y llegué tarde al entrenamiento. Así que, si me echan del equipo, lo llevarás sobre tu conciencia.

—Oye, yo… —parecía asustada.

—Gabriella —dijo Troy riéndose—: tranquila.

Ella sonrió y en ese momento entró el entrenador Bolton en el gimnasio.

—Lo siento, señorita, esto es un entrenamiento cerrado.

La voz del entrenador resonó en el gimnasio vacío.

—Ya ha acabado el entrenamiento, papá —protestó Troy.

—No hasta que el último jugador salga del gimnasio —dijo el entrenador—. Reglas del equipo.

Gabriella notó la tensión entre ellos.

—Lo siento, señor —añadió rápidamente.

—Papá, ésta es Gabriella Montez —dijo Troy.

Gabriella miró al entrenador con interés. Así que éste era el padre de Troy...

—¿Tu compañera de castigo? —preguntó mirándola con desaprobación.

Gabriella comprendió que era el momento de marcharse.

—Te veo luego, Troy —dijo—. Encantada de conocerle, entrenador Bolton.

—Lo mismo digo, señorita Montez —respondió el entrenador con una mirada severa.

—El castigo fue culpa mía, no suya —dijo Troy enfrentándose a su padre.

—No habías faltado a un entrenamiento en tres años —señaló su padre—. Aparece esa chica y llegas tarde dos veces.

Troy sintió que le invadía la cólera.

—“Esa chica” se llama Gabriella y es muy simpática —contestó bruscamente.

—Hacer que dejes tus entrenamientos no la hace “muy simpática”… —dijo su padre con la misma brusquedad— para mí. Ni para tu equipo.

—Ella no es un problema, papá —añadió Troy frustrado. ¿Por qué le daba tanta importancia su padre, mejor dicho, su entrenador?—. Sólo es una chica.

—Pero tú no eres sólo un chico, Troy —su padre, su entrenador, se sentía igual de frustrado—. Eres el líder del equipo, así que lo que tú haces no afecta sólo a este equipo, sino a todo el instituto. Si tú no estás totalmente concentrado, no ganaremos el partido la semana que viene. Y no se juegan finales todos los días…, ésta es una ocasión especial.

Una serie de recuerdos pasaron por el cerebro de Troy sin previo aviso: cantando con Gabriella. Riendo con Gabriella. Hablando con Gabriella.

—Hay muchas cosas especiales —dijo.

—Eres un jugador de baloncesto, no un cantante —le recordó su padre.

—¿Nunca has pensado que podría ser las dos cosas? —gritó exasperado.

Troy se dio la vuelta bruscamente y fue hacia el vestidor.

Su padre lo vio marcharse, estaba preocupado. Esperaba haber conseguido que Troy entendiera la situación, pero temía que no.

Chad, Jason y Zeke estaban apretujados en el pasillo que había entre los vestidores y el gimnasio. Habían visto, con los ojos abiertos como platos, la discusión entre Troy y su padre.

Se miraron y sacudieron las cabezas.

No era bueno. No era nada bueno.

CAPÍTULO SEIS

Al día siguiente, Chad se sentó al lado de Troy en una mesa de estudio en la biblioteca. Sin decirle ni hola, le hizo la pregunta que tenía en la cabeza, pregunta que era compartida por todos los miembros del equipo.

—¿Qué clase de hechizo te ha hecho esa tentadora chica de elevado coeficiente intelectual para que, de repente, quieras estar en un musical? —preguntó.

—Yo... lo hice y ya está —suspiró Troy—. ¿A quién le importa?

—¿A quién le importa? —Chad parecía herido—. ¿Qué te parece a tu mejor y más leal amigo?

La bibliotecaria los miró severamente.

—Silencio, señor Danforth.

Chad señaló a Troy.

—Es él, señorita Falstaff, no yo —se volvió de nuevo a Troy—. Eres un jugador de baloncesto, no un cantante de musicales —dijo con voz apremiante—. ¿Has visto alguna vez a Michael Crawford en un paquete de cereales?

—¿Quién es Michael Crawford? —preguntó Troy.

—Eso es lo que quería decirte —dijo Chad sintiéndose confirmado—. Era el Fantasma de la Ópera en Broadway. Mi madre vio ese musical veintisiete veces y puso la foto de Michael Crawford en el refrigerador de casa. *Dentro del refrigerador*, no en la puerta. Juega al baloncesto y acabarás en un paquete de cereales. Canta en musicales y acabarás dentro del *refri* de mi madre.

Troy frunció el ceño tratando de seguir su razonamiento.

—¿Por qué metió su foto en el refrigerador?

—Una de sus locas ideas para adelgazar —dijo desdeñosamente—. No trates de comprender las mentes de las mujeres. Es un mundo aterrador.

Levantó la vista y vio que la bibliotecaria iba hacia ellos y se inclinó hacia delante.

—¿Cómo puedes esperar que los demás estemos concentrados en el partido si tú andas por ahí en leotardo cantando en *Twinkle Town?* —añadió en voz baja.

—Nadie ha dicho nada de leotardos... —Troy parecía un poco preocupado.

Chad aprovechó su ventaja.

—Tal vez todavía no, amigo mío, ¡espera y verás! Te necesitamos, capitán. De tiempo completo.

Puf. La bibliotecaria estaba encima de ellos.

—¡Señor Danforth!

Chad volvió a señalar a Troy.

—Yo he tratado de decírselo, señorita Falstaff —dijo con expresión de inocencia. Para resultar más creíble, se volvió hacia Troy—. ¡De verdad que traté de decírselo! —añadió.

Luego se escabulló, seguido por la mirada acusadora de la bibliotecaria. Troy se quedó sentado muy quieto, pensando en lo que acababa de decirle Chad.

En el laboratorio de química, Taylor y los otros miembros del Club Académico estaban muy concentrados en su trabajo cuando entraron Chad, Jason y Zeke.

Chad se acercó a Taylor.

—Tenemos que hablar —le dijo.

Los dos grupos estaban hablando seriamente cuando Sharpay y Ryan pasaron al lado de la puerta del laboratorio de química. Se pararon a mirar y a escuchar.

—Algo pasa —comentó Sharpay.

—Deben de estar pensando cómo pueden quitarnos los papeles Gabriella y Troy —dijo Ryan asintiendo—. Los deportistas mandan en casi todo el instituto, pero si consiguen que Troy haga el musical, habrán conquistado a todo el mundo.

—Y si esas chicas de ciencias consiguen que Gabriella salga con Troy Bolton, el Club de Decatlón Académico pasará de ser una idiotez a ser "guau" —dijo Sharpay con voz entrecortada. Luego entornó los ojos—. Ryan, tenemos que salvar nuestro espectáculo de gente que piensa que un premio Tony tiene que ver con Tony Hawk.

En el laboratorio de química, Chad había terminado de exponer sus argumentos a Taylor y a su equipo.

—¿Crees que saldrá bien? —preguntó Taylor. Los otros miembros del Club de Decatlón Académico parecían igual de inseguros.

—Es la única manera de salvar a Gabriella y a Troy de sí mismos —añadió Chad con convicción.

Taylor miró a su equipo buscando su aprobación. Tras una breve pausa, todos asintieron. Después de todo, necesitaban a Gabriella tanto como el equipo de baloncesto a Troy.

—Empezamos mañana —dijo Chad satisfecho.

A la mañana siguiente, mientras los estudiantes entraban en la escuela, Chad miró a su alrededor con mucha cautela, como si estuviera en una misión de espionaje. Vio a Taylor al otro lado del patio y asintió brevemente, como los mejores agentes secretos.

Ella puso los ojos en blanco al verlo y se encontró con él en un rincón.

—En mi reloj son las siete cuarenta y cinco —dijo en un susurro—. ¿Estamos sincronizados?

Taylor nunca llevaba reloj. Tenía un reloj interno infalible.

—Lo que tú digas.

—¿Entonces nos ponemos en marcha a la hora de la comida? —preguntó Chad—. ¿A las 12:05 exactamente?

Ella asintió y le entregó una pequeña computadora portátil con cámara de video incorporada.

—Sí, Chad —dijo—. Estamos en esto. Pero no somos los Ángeles de Charlie, ¿eh?

—Puedo soñar, ¿verdad? —contestó sonriendo.

Y se fueron.

A las 12:05 exactamente, sonó el timbre de la hora de comer. Muchos estudiantes fueron hacia la cafetería para tomar algo, pero Troy se fue al vestidor.

Cuando llegó, vio a todo su equipo esperándolo. Entró en el vestidor. Jason cerró la puerta tras él y se quedó delante de ella, bloqueándola con el cuerpo.

Chad estaba de pie en el centro de la habitación, junto a una mesa llena de trofeos y de fotos. Cogió una de las fotos y la sostuvo para que la viera Troy.

—"Spider" Bill Natrine, curso del '99 —dijo Chad—. MVP, del campeonato de liga.

Señaló un trofeo de ese campeonato.

Zeke sostuvo otra foto.

—Sam Netletter, curso del '02 —añadió—, conocido como Sammy Slamma-Jamma. Capitán, MVP, equipo campeón de liga.

Señaló el trofeo mientras Jason tomaba la foto siguiente.

—Thunderclap Hap Haddon, '95 —continuó Jason señalando el trofeo correspondiente—. Llevó a los Linces a sucesivos campeonatos de liga. Una leyenda.

—Sí, leyendas todos ellos —añadió haciendo hincapié en el tema—. ¿Y tú crees que estas leyendas de los Linces *se convirtieron* en leyenda metiéndose en pruebas musicales unos días antes de la final del campeonato?

El equipo miró fijamente a Troy.

—¡Mantén la cabeza en el juego! —exclamaron al unísono.

—Estas leyendas de los Linces se convirtieron en leyendas porque nunca apartaron la vista del trofeo —dijo Chad. Estaba inspirado.

—¡Mantén la cabeza en el juego! —volvió a entonar el equipo.

—Porque, ¿quién votó por Troy para que fuera el capitán del equipo *este* año?

—¡Nosotros! —gritó el equipo.

—¿Y a quiénes van a dar una patada en el trasero en el partido del viernes si Troy está preocupado por una prueba? —preguntó Chad.

—A nosotros —dijeron todos deprimidos.

—Oye, en el equipo somos doce —protestó Troy—. No sólo yo.

Chad enarcó una ceja.

—¿Sólo doce? Creo que estás olvidando a un miembro muy importante de este equipo —dijo sacando otra foto.

Era una foto en blanco y negro de un adolescente con uniforme de baloncesto. Por el estilo del uniforme y el corte de pelo, se veía que era una foto antigua.

Troy la miró bien. Se quedó con la boca abierta.

—Es mi padre... —susurró.

Chad apoyó la foto en un antiguo trofeo.

—Sí, Troy, Linces campeón de baloncesto en 1981. Campeón..., padre, y ahora, entrenador. Una tradición de campeones como no hay otra.

Troy miró a su equipo.

¿Qué estaba pasando? ¡Le daba la impresión de que su equipo estaba tratando de desprogramarlo o algo así!

Mientras tanto, Gabriella y el resto del Club de Decatlón Académico se habían reunido en el laboratorio de química con la comida en bolsas de papel marrón. Taylor señalaba una serie de fotos y bosquejos en el pizarrón. Mostraban el proceso de evolución humana, según Taylor.

—Desde el hombre de Neandertal y Cromagnon, hasta los primitivos guerreros, caballeros medievales y hasta... —desenrolló el plato fuerte, una foto de tamaño natural de cuerpo entero de un jugador de la NBA, con la cabeza de Troy superpuesta— ¡el bruto hombre del baloncesto! Sí, nuestra cultura ha venerado al agresor durante siglos, y hemos acabado con atletas mimados, excesivamente pagados y con cabezas huecas que no contribuyen a la civilización más que con carreras y puntos. Ése es el inevitable mundo de Troy Bolton.

Gabriella sonrió sin saber lo que venía después.

Taylor fue hacia otra pared.

—Pero el camino de la mente, el que nosotros hemos elegido... es el camino que ha dado al mundo *estas* personas —dijo señalando las fotos a medida que decía los nombres—: Eleanor Roosevelt... Frida Kahlo... Sandra Day O'Connor... Madame Curie... Jane Goodall... Oprah Winfrey y muchas otras a quienes el mundo venera.

Gabriella asintió. No había duda de que eran personas admirables, pero ¿qué tenía que...? "Kelsi está esperándome para ensayar..."

—Gabriella, Troy Bolton representa un lado de la evolución..., el bruto hombre del baloncesto —explicó Taylor pacientemente—. Y nuestro lado, el lado de la educación y los logros, es el futuro de la civilización. Ése es el lado al que perteneces.

En el vestidor, Troy hacía lo que podía para defenderse de su equipo.

—Si no saben que he puesto el ciento diez por ciento de mí mismo en ese partido, es que no me conocen.

—Bueno —empezó a decir Chad—, creíamos...

—Les diré lo que creía *yo* —dijo Troy—. Creía que eran mis amigos, ganar juntos, perder juntos..., compañeros de equipo.

Chad trató de explicar su versión de la historia.

—Pero, de repente, la chica y lo de cantar... —estaba de pie al lado de la computadora portátil de Taylor con videocámara.

Troy suspiró, estaba cansado de discutir y cansado de defenderse.

—Estoy con el equipo. Siempre lo he estado. Ella sólo es alguien que conocí...

Troy no lo sabía, pero la cámara de la computadora estaba transmitiendo en directo al laboratorio de química todo lo que estaba diciendo...

Y allí, Gabriella, Taylor y el resto del Club de Decatlón Académico estaban viendo y enterándose de todo.

—Lo de cantar no es nada, probablemente

sea una forma de relajarme, no significa nada para mí —decía Troy—. Ustedes son mis amigos y éste es nuestro equipo... Gabriella no es importante. Me olvidaré de la prueba, me olvidaré de ella y ganaremos el campeonato. ¿Contentos?

Taylor congeló la imagen en la pantalla.

—Míralo —dijo—. El bruto hombre del baloncesto. Gabriella..., nos encantaría contar contigo para el Decatlón Académico.

Gabriella miraba la pantalla, destrozada por lo que había dicho Troy. Habían compartido tantas cosas... ¿Había significado *algo* para él?

Las otras chicas se fueron hacia la puerta. Se sentían incómodas. Ninguna se atrevió a mirar a Gabriella.

—¿Quieres tomar algo? —dijo Taylor mientras se dirigía a la salida.

Gabriella negó con la cabeza. Lo único que quería era estar sola.

Taylor asintió y se fue.

En ese momento, Gabriella oyó al equipo abajo. Se asomó a la ventana y vio que habían improvisado una reunión de motivación. Todos los jugadores del equipo revoloteaban alrededor de Troy y trataban de mentalizarlo para el gran partido.

Gabriella se sentía muy sola, muy triste. Como solía hacer desde la fiesta de Fin de Año, se puso a cantar para expresar lo que sentía:

Es chistoso cuando te descubres
Mirando las cosas desde afuera
Estoy aquí
Pero todo lo que quiero es estar allá.
¿Por qué me permití creer
que los milagros podían ocurrir?
Porque ahora tengo que fingir
Que realmente no me importa..

Salió del laboratorio. Los pasillos de la escuela estaban llenos de trofeos, banderas y murales. Lo único que quería era alejarse del espíritu Linces y eso era imposible.

Por fin llegó a su *locker*. Cuando empezaba a meter libros en su interior, Troy se acercó. Sonreía lleno de energía y buen humor después de la reunión de motivación.

—¿Cómo estás? —dijo.

Ella no lo miró.

—Oye, tengo que hablar contigo —siguió.

—Mira —le interrumpió ella—. Sé lo que es cargar con la responsabilidad ante los amigos. Lo comprendo. Tú tienes a tu equipo, Troy. No pasa nada. Está bien.

—¿Qué está bien? —preguntó desconcertado—. Tengo que hablar contigo sobre las pruebas definitivas.

Gabriella trató de sonreír. Era mejor que ella acabara con esto ahora en vez de esperar a que lo hiciera él. Podía actuar como si hubiera sido idea suya. "Por lo menos, me quedará mi orgullo", pensó.

—Yo tampoco quiero hacer las pruebas definitivas —dijo rápidamente—. ¿A quién queríamos engañar? Tú tienes tu equipo y ahora yo tengo el mío. Voy a hacer el Decatlón Académico, tú ganarás tu partido. Cada uno a lo suyo —sonrió valerosamente—. Adelante, Linces.

Ahora era Troy el que se sentía desconcertado y herido.

—Pero yo no...

Gabriella no lo dejó terminar.

—Yo tampoco —dijo con firmeza.

Sacó su partitura del *locker*, se la dio y se marchó.

—¡Gabriella! —gritó Troy.

Ella no contestó. Sonó el timbre que señalaba el comienzo de la clase siguiente.

Troy se quedó mirándola, anonadado y lastimado.

CAPÍTULO SIETE

En los días siguientes, Gabriella y Troy se sintieron cada vez más deprimidos. Gabriella creía que Troy la había dejado plantada. Troy creía que Gabriella lo había dejado plantado a él. Y aunque sus amigos trataban de animarlos, no les servía de nada.

Un día, en clase de educación física, Chad, Jason, Zeke y otros estudiantes estaban practicando en la cancha exterior de baloncesto. Se pasaban un balón en círculo, rápida y hábilmente, como los Harlem Globe Trotters. Saludaron a Troy con la mano, invitándole a unirse a ellos.

Pero Troy no les hizo caso y fue a la pista a correr, alejándose de sus amigos sin detenerse.

Esa tarde, en el patio de su casa, Troy lanzaba tiros a la canasta solo. Falló unos cuantos tiros y golpeó el balón frustrado. Su padre lo observaba preocupado desde una de las ventanas del piso de arriba. Sabía que le pasaba algo. También sabía que no era el momento idóneo para tratar de descubrir qué era.

En casa de las Montez, Gabriella estaba sentada junto a la ventana de su habitación. Estaba rodeada de libros, pero no leía. Miraba las estrellas y trataba de no llorar.

Su madre abrió la puerta con un teléfono en la mano. Se lo tendió a Gabriella indicándole que era para ella.

Gabriella negó con la cabeza.

Al día siguiente, Gabriella y Troy se cruzaron en la cafetería. Se miraron y después... superaron la incomodidad del momento pasando de largo sin decir ni una palabra.

Taylor y Chad los vieron desde puntos opuestos de la cafetería. Se miraron y asintieron. Habían visto bastante. Habían visto las consecuencias de lo que habían hecho y sabían que habían metido la pata. ¡Hasta el fondo! Ahora tenían que tratar de arreglarlo...

Troy estaba sentado solo en el jardín del tejado, muy desanimado, comiendo un bocadillo. Se abrió la puerta y aparecieron Chad, Zeke y Jason.

—Acabamos de tener otra reunión del equipo, Troy —dijo Chad.

—Genial —contestó Troy. Trataba de que su voz no sonara muy resentida.

Chad tragó saliva con fuerza.

—Era una reunión sobre cómo no nos hemos portado como un equipo. Nosotros, no tú. Lo de cantar…

—No quiero hablar de eso —dijo Troy bruscamente.

—Queremos que sepas que estaremos allí para aplaudirte —acabó Chad.

Troy levantó la vista sorprendido.

—¿Eh?

Zeke asintió vigorosamente.

—Sí, capitán, si quieres cantar, nosotros deberíamos animarte a hacerlo, no atacarte.

—Ganemos o perdamos, somos compañeros de equipo —añadió Chad—. De eso se trata. Aunque fueras el peor cantante del mundo…

—Que no lo sabemos, porque la verdad es que nunca te hemos oído cantar —intervino Jason.

Troy suspiró. Era genial contar por fin con el apoyo de sus amigos, pero ya no servía de nada.

—No van a oírme, amigos, porque Gabriella ya no quiere ni hablarme y no sé por qué.

Chad y los chicos se miraron incómodos.

—Nosotros sí —dijo Chad por fin.

Zeke sacó una bolsa de galletas de su mochila y se la ofreció a Troy.

—Las he hecho hoy. ¿Quieres probar una antes de que te contemos el resto?

En el laboratorio de química, Taylor y el Club de Decatlón Académico rodeaban a Gabriella.

—Somos más que torpes —decía Taylor de todo corazón—. Porque, además de torpes, somos miserables. Creímos que Troy Bolton y lo de cantar acabaría con nuestras posibilidades de tenerte en el equipo de Decatlón Académico.

—¿Por qué hablar de eso? —dijo Gabriella en tono cortante—. Oí lo que él dijo. Ahora estoy en el equipo de ustedes. Punto final.

—No —dijo Taylor suspirando—. Chad sabía que podía hacer que Troy dijera cosas que harían que quisieras olvidar lo de las pruebas —añadió Taylor después de dudar un instante—. Lo planeamos todo. Y estamos avergonzados y lo sentimos.

Gabriella encajó el golpe.

—Nadie obligó a Troy a decir nada —dijo—. ¿Y saben qué? Da igual —continuó después de respirar profundamente—. Deberíamos prepararnos para el Decatlón. Ya es hora de empezar a trabajar.

Taylor movió la cabeza. No podía dejar que esa actitud derrotista quedara sin respuesta.

—No —dijo—. El Decatlón Académico es... lo que sea. Lo que sientes hacia nosotros y hacia Troy, es otra cosa.

Esa tarde, la señora Montez abrió la puerta de su casa y se encontró a Troy Bolton en el umbral.

—Señora Montez, soy Troy Bolton —dijo educadamente.

Ella lo miró ligeramente sorprendida. ¡Así que éste era el Troy del que había oído hablar a Gabriella!

—Hola... Troy —respondió sonriendo.

Miró por encima de su hombro. Gabriella estaba en la escalera, pero Troy no podía verla. Negó con la cabeza enérgicamente.

La señora Montez puso cara de sorpresa, pero entendió el mensaje.

—Gabriella está ocupada con su tarea —dijo volviéndose hacia Troy—. No creo que ahora sea el momento...

—Cometí un error, señora Montez, y necesito que Gabriella lo sepa —insistió de repente—. ¿Puede decirle que vine a verla?

Ella asintió y sonrió mientras cerraba la puerta. "Troy Bolton", pensó. "Parece un buen chico..."

Troy cruzó el jardín y miró hacia arriba. Vio que se apagaba una luz al final del segundo piso.

Había un pequeño balcón en aquella ventana. De repente se le ocurrió llamarla, sacó su celular y marcó el número de Gabriella.

Gabriella vio la foto de Troy en la pantalla de su teléfono. Después de un rato, contestó.

—Lo que oíste el otro día… —dijo él rápidamente en cuanto oyó su voz— no era verdad. Estaba harto de que mis amigos se rieran de mí por cantar contigo y dije cosas que sabía que harían que se callaran. Pero no eran verdad.

—Me pareciste muy convincente —dijo Gabriella fríamente.

Troy miró hacia arriba. Veía a Gabriella andando por la habitación. Miró hacia el balcón un instante y después a un árbol que había cerca. Y entonces empezó a trepar.

Seguía hablando por teléfono mientras escalaba.

—Yo soy mucho más el chico que conociste en las vacaciones que el que dijo todas esas estupideces.

—Troy, esa historia de cantar está trastornando a todos —dijo Gabriella suspirando—. Tú mismo lo dijiste, todo el mundo te trata diferente por culpa de eso.

Troy se agarró a una rama y subió un poco más.

—Quizá por eso no quiero seguir siendo sólo el chico del baloncesto —contestó—. Ellos no pueden soportarlo. Pero no es mi problema, es el suyo.

Se subió al balcón, Gabriella estaba sólo a unos metros de él, pero le daba la espalda. No sabía que estaba allí.

—Pero tu padre... —continuó Gabriella.

—Esto no tiene que ver con mi padre —dijo— sino con lo que yo siento. Y no estoy fallando al equipo, ellos me fallaron a mí. Voy a cantar. ¿Y tú?

—No lo sé, Troy.

—Tienes que decir que sí —añadió él—. Porque te he traído una cosa.

Gabriella parecía confundida.

—¿Qué significa eso?

Troy bajó el teléfono celular y empezó a cantarle directamente, dulcemente, sinceramente:

Comenzar algo nuevo
Se siente tan bien
Estar aquí contigo
Y ahora... mirándote a los ojos
Siento en mi corazón
El comienzo de algo nuevo.

Gabriella se dio la vuelta y vio a Troy en el balcón de su habitación.

—Es una prueba *de parejas* —le recordó. Luego le dio la partitura que ella le había devuelto. Después de mirarse a los ojos fijamente, Gabriella sonrió.

Los días siguientes fueron un torbellino de actividad para los dos. Troy llevaba los entrenamientos de baloncesto con autoridad y energía, jugando otra vez al máximo. Gabriella ensayaba fórmulas con el Club de Decatlón Académico, más concentrada e impresionante que nunca. Luego salían de sus prácticas separadas, se encontraban en el pasillo y corrían a la sala de ensayos para trabajar con Kelsi.

Un día, Sharpay y Ryan, al salir de su ensayo, oyeron cantar a Gabriella y a Troy.

—Guau —dijo Ryan—. Suenan bien.

—Tenemos que hacer algo —contestó Sharpay volviéndose hacia él—. Nuestra prueba es el jueves y el partido de baloncesto y el Decatlón Académico son el viernes —se detuvo. Se le estaba ocurriendo una idea, una buena idea, probablemente una idea genial—. ¡Qué pena que todos esos eventos no sean el mismo día y a la misma hora!

—No podría ser —dijo Ryan con su ingenuidad habitual—. Porque entonces, Gabriella y Troy no podrían hacer la prueba.

Sharpay lo miró y esperó que la idea penetrara en el corto entendimiento de su hermano.

Por fin se le iluminó la cara.

—Estoy orgulloso de que seas mi hermana —añadió.

Más tarde, Sharpay y Ryan acorralaron a la señora Darbus y pasaron unos minutos hablando seriamente con ella.

—Si ustedes, como copresidentes del Club de Teatro me dicen que lo mejor para nuestro programa de teatro es cambiar la fecha de las pruebas..., yo debería estar de acuerdo —dijo al fin.

Se marchó. Ryan se rascó la cabeza.

—¿Eso ha sido un "sí"? —preguntó a su hermana.

Ella le hizo un guiño que quería decir: "misión cumplida".

Lo que no vieron —porque nunca veían a Kelsi— fue que la tímida compositora estaba muy cerca y lo había visto y oído todo.

Incluido el guiño.

A la mañana siguiente, Gabriella y Troy fueron al instituto temprano para encontrarse con Kelsi y ensayar un poco más. La encontraron delante del tablón de anuncios, lívida.

"Las pruebas musicales han sido trasladadas al viernes a las 3:30 p.m., decía la nota.

Gabriella y Troy leyeron aquellas palabras con pena.

—A la misma hora que el partido —dijo Troy.

—Y el Decatlón Académico —añadió Gabriella.

Taylor y Chad, acompañados del equipo de baloncesto y del Club Académico, como siempre, se apiñaron detrás de Troy y de Gabriella.

—No sé por qué han hecho eso —dijo Taylor extrañada.

—Me huele a una rata llamada Darbus —respondió Chad sombríamente.

—En realidad, creo que son dos ratas y ninguna de ellas se llama Darbus —añadió Kelsi.

Todos se volvieron a ver quién había hablado. Tardaron un minuto en verla, la diminuta Kelsi estaba perdida entre los jugadores de baloncesto, que eran mucho más altos que ella.

—¿Sabes algo de esto, pequeña? —preguntó Chad.

—La señora Darbus —dijo Kelsi asintiendo— cree que está protegiendo el musical, pero Sharpay y Ryan están mucho más preocupados protegiéndose a sí mismos.

El rostro de Chad se puso tenso de rabia.

—¿Saben lo que les voy a hacer a esos dos estirados perros de exposición?

—Nada —dijo Troy rápidamente—. No

vamos a hacerles nada. Excepto cantar —añadió sonriendo.

Troy miró uno por uno a los miembros del equipo de baloncesto y del Club Académico.

—Esto sucederá sólo si trabajamos todos juntos —añadió—. ¿Quién se apunta?

Los equipos se miraron. Luego Chad tendió una mano. Taylor la chocó. Todos sonrieron.

Se habían apuntado.

El día de las pruebas, el partido de baloncesto y el Decatlón Académico, todos estaban muy excitados.

Para demostrar su recién adquirida solidaridad, Chad y los chicos del baloncesto regalaron a Taylor un pastel hecho por Zeke. En el glaseado decía: "Hoy Decatlón Académico. ¡Anima a los 'cerebritos'!"

Para corresponder, Taylor y sus chicas entregaron a Chad una bandera que decía: "¡Adelante, Linces!"

La señora Darbus los miró sarcásticamente. "Qué bonito", pensó. "Los chicos del baloncesto y las chicas "cerebritos" se llevan bien..."

Luego, Chad y los chicos se acercaron a Sharpay y a Ryan y se abrieron los cierres de las casacas. Llevaban letras en las camisetas que formaban el mensaje: "¡Adelante, Club de Teatro!"

Chad miró a Sharpay con una sonrisa de oreja a oreja.

La señora Darbus miró la bandera, el pastel a los chicos con las letras en las camisetas, y sonrió sin querer.

—Bueno, Linces, parece que vamos a tener una tarde interesante —dijo secamente. Pero le brillaban los ojos.

CAPÍTULO OCHO

A las tres de la tarde, los pasillos del Instituto East estaban desiertos. Había un silencio absoluto. Se notaba la expectación en el ambiente…

¡Y sonó el timbre!

Las puertas se abrieron de golpe y los estudiantes salieron corriendo a los pasillos. ¡El instituto hervía de emoción!

En el gimnasio, las gradas estaban llenas de espectadores aplaudiendo y vitoreando.

La banda del instituto estaba tocando, las animadoras bailaban como locas, las banderas se agitaban en el aire... ¡Había llegado la hora de decidir de una vez por todas quiénes eran los campeones!

Troy estaba sentado solo en un banco, en el vestidor. El resto del equipo había salido a la cancha. Oía a la gente gritar enloquecida.

Todas esas horas de entrenamiento, todos los ejercicios, todas las prácticas..., todo se jugaba aquella noche.

Su padre entró en la habitación.

—¿Cómo te sientes?

—Nervioso —Troy tenía que ser sincero.

—Yo también —dijo su padre sonriendo—. ¡Ojalá pudiera ponerme la camiseta y jugar contigo hoy!

—¡Eh! —respondió Troy sonriendo ligeramente—. A ti ya te tocó.

—¿Sabes lo que quiero que hagas hoy? —dijo su padre mirándolo muy serio.

Troy asintió. No tenía que decírselo.

—Ganar el campeonato —contestó.

Su padre lo miró a los ojos.

—Eso sucederá o no —dijo suavemente—. Lo que *yo* quiero es que te diviertas. Sé toda la presión que has sufrido y probablemente buena parte de ella haya sido por mi culpa. Lo que de verdad quiero es ver a mi hijo disfrutando como nunca en su vida, jugando a algo que nos encanta a los dos. Dame eso y esta noche dormiré con una sonrisa en los labios, quede como quede el marcador.

Troy miró a su padre. Sintió que le invadía una extraña sensación de alivio.

—Gracias, entr... —se corrigió—, papá.

Su padre sonrió y se marchó.

Habían colocado unos pizarrones a cada lado del salón del coro —la primera ronda del Decatlón Académico estaba a punto de empezar. Había mesas junto a las paredes, donde los concursantes podían realizar experimentos, y sillas para el jurado y los espectadores.

Mientras el reloj empezaba la cuenta regresiva, los equipos se reunieron para darse las últimas instrucciones.

En el teatro, Kelsi tocaba melodías al azar en el piano mientras unos pocos espectadores vagaban por el auditorio. Sharpay y Ryan hacían unos estrambóticos ejercicios de preparación en la parte de atrás del escenario: abrían mucho la boca, pronunciaban extrañas palabras y se dejaban caer en los brazos del otro para demostrar su absoluta y mutua confianza.

En el salón del coro, los equipos de Decatlón, con batas de laboratorio, se prepararon para el timbrazo de inicio.

Gabriella estaba de pie al lado del pizarrón, lista para empezar. El árbitro hizo un gesto: "Adelante", y ella y la estrella del equipo rival empezaron a garabatear fórmulas todo lo rápidamente que podían.

En el teatro, la señora Darbus estaba soltando un discurso más.

—Elegir a los protagonistas de un espectáculo es un desafío y una responsabilidad al mismo tiempo, una alegría y una carga —dijo—. Los felicito a ustedes y a todos los jóvenes artistas que aspiran a la luna, el sol y las estrellas...

Los cinco chicos que estaban sentados en el auditorio se quedaron mirándola. No tenían ni idea de lo que quería decir.

La señora Darbus suspiró e intentó terminar con una nota triunfal.

—¿Remontamos el vuelo juntos? —Miró su tablilla, por puro formulismo—. ¿Sharpay y Ryan?

Los dos hermanos hicieron una entrada triunfal cuando empezó a sonar su música grabada. Desde la primera nota quedaba claro que se trataba de un musical para dos personas, con entradas luminosas y coreografía y pasos que habrían puesto en evidencia a muchos bailarines de Broadway.

Cuando empezaron a cantar el estribillo, Sharpay y Ryan pasaron a una coreografía completa con patadas, giros, vueltas y saltos.

Mientras tanto, en el gimnasio, los dos equipos que luchaban por el título se enfrentaban por fin en el centro de la cancha. Todo el entrenamiento, todas las prácticas y las reuniones de motivación conducían a aquel... preciso... momento.

El árbitro lanzó el balón y empezó el partido. El público enloqueció desde los primeros instantes...

En el salón del coro, el Club Académico oía el ruido del partido. Todos menos Gabriella. Estaba de pie delante del pizarrón totalmente concentrada en lo que tenía que hacer.

Mientras el reloj seguía su cuenta atrás, ella y su oponente escribían fórmulas a toda velocidad.

Sólo un número más y... acabó unos segundos antes que su oponente, apretó el botón del contador y paró el reloj.

El moderador comprobó su respuesta rápidamente y asintió. ¡Puntos para el Equipo Académico Linces! Mientras todos aplaudían a Gabriella, que estaba eufórica por la victoria, Taylor echó un vistazo al reloj. Eran las 3:35 p.m.

Se acercó a su computadora portátil sin hacer ruido y tecleó un código.

—Bien, Linces, ha llegado el momento de salir ordenadamente del gimnasio…

Inmediatamente, aparecieron en la pantalla las palabras "mensaje enviado". En el vestidor del gimnasio se había colocado un pequeño dispositivo inalámbrico en la red de suministro eléctrico. Al cabo de unos segundos, el dispositivo empezó a parpadear…, ¡la misión había empezado!

De repente, el marcador electrónico parpadeó y empezaron a aparecer números al azar donde estaba el resultado. El tablero comenzó a encenderse y apagarse. La luz del gimnasio iba y venía.

Los jugadores pararon en mitad del juego, desconcertados por lo que estaba pasando.

El director Matsui tampoco entendía nada, pero sí sabía de política escolar. Tomó el micrófono rápidamente.

—Bueno, al parecer tenemos un duendecillo electrónico. Estoy seguro de que lo resolveremos. Mientras tanto, por normas de seguridad, tenemos que salir ordenadamente del gimnasio...

Mientras el gimnasio se vaciaba lentamente, Chad sonrió para sí. ¡La fase uno de la misión se había llevado a cabo!

En el salón del coro, Taylor pulsó otra tecla de su computadora portátil. Había un vaso de precipitados lleno de líquido azul sobre un calentador, esperando la parte experimental de la competencia.

El clic de Taylor puso en marcha el calentador. El líquido se calentó y empezó a borbotear, creando la presión que hizo que saltara la tapa del vaso de precipitados, dejando escapar un olor horrible por todo el salón.

Taylor sonrió con una satisfacción silenciosa al ver primero al moderador y luego al público reaccionar ante el olor.

Al cabo de unos segundos, todo el mundo había salido corriendo del salón.

Taylor asintió. La fase dos acababa de completarse.

En el teatro, Sharpay y Ryan, tan tranquilos, no se daban cuenta de los dramas que estaban desarrollándose en el instituto. Acabaron su canción con tanta energía como empezaron. Sabían que lo habían hecho fenomenal e hicieron extravagantes reverencias.

—¿Ven por qué nos encanta el teatro? —dijo la señora Darbus casi dominada por la alegría y el orgullo que sentía por sus alumnos estrella—. Lo han hecho muy bien.

Después miró su lista rápidamente.

—¿Troy Bolton y Gabriella Montez? —dijo bruscamente. Miró a su alrededor—. ¿Troy…, Gabriella?

Pero no había ni rastro de ellos.

Kelsi miró a su alrededor nerviosa.

—Vendrán —aseguró.

La señora Darbus negó con la cabeza sin lamentarlo mucho.

—El teatro, como he dicho muchas veces, no espera a nadie. Lo siento.

Kelsi miró desesperada a la puerta una vez más, pero no había señales de sus amigos. Se dejó caer en el taburete del piano, destrozada.

—Bien, hemos terminado aquí —dijo la señora Darbus con tono de eficiencia mientras tachaba los nombres de Gabriella y Troy—. Felicidades a todos. Se colocará el reparto en el pizarrón de anuncios.

Lentamente, Kelsi recogió la carpeta con sus partituras y salió del escenario totalmente desanimada.

En ese momento, Gabriella y Troy entraron corriendo desde los dos lados del teatro.

—¡Señora Darbus! ¡Estamos aquí! —gritó Troy.

—Los llamé —dijo la señora Darbus severamente—. Dos veces.

—Por favor —Gabriella no podía creerlo. Después de todo el trabajo, todos los planes…

La profesora de teatro se mantuvo firme.

—Las normas son las normas.

Pero cuando se dio la vuelta para marcharse, vio que algo distinto, inesperado, y de hecho, totalmente increíble, estaba sucediendo. El teatro se estaba llenando de gente: estudiantes y espectadores del partido de baloncesto y del Decatlón Académico; todos los miembros del equipo de baloncesto con Chad a la cabeza; todos los miembros del Club Académico, dirigidos por Taylor…, ¡habían venido a ver las pruebas!

Sharpay y Ryan vieron a toda la gente que estaba entrando, sin entender lo que pasaba.

¡Esto no estaba en el plan! Pero en eso consiste el teatro, en enfrentarse a lo inesperado constantemente.

—Nos encantará repetir nuestro número para nuestros compañeros, señora Darbus —dijo Sharpay rápidamente.

La profesora negó con la cabeza mientras veía asombrada que el teatro seguía llenándose.

—No sé lo que está pasando aquí. Pero, en cualquier caso, es demasiado tarde y no tenemos pianista.

Sharpay y Ryan sonrieron aliviados. Ryan miró a Troy y se encogió de hombros.

—Bueno, así es el mundo del espectáculo —comentó alegremente.

—Cantaremos sin música —dijo Troy desesperado.

En ese momento se oyó una voz, que antes era tímida y ahora era sorprendentemente atrevida.

—Ah, no. Sin música no —gritó.

Kelsi salió al escenario con paso firme.

—¡Aquí está la pianista, señora Darbus!

—Tú no quieres hacer eso, ¿verdad? —dijo Sharpay lanzándole una mirada de advertencia.

Kelsi levantó la barbilla. Ya estaba harta de recibir órdenes de egoístas reinas del espectáculo.

—¡Ah, sí! ¡Claro que quiero!

Levantó la tapa del piano haciendo una caravana, colocó sus partituras y se sentó.

—¡Lista!

La señora Darbus abrió mucho los ojos, encantada.

—¡Bueno... *así* es el mundo del espectáculo!

Gabriella y Troy recogieron sus micrófonos y se volvieron hacia el auditorio. Estaba lleno de gente que esperaba para oírles cantar.

Cuando Gabriella vio todas aquellas caras expectantes, sintió que se ruborizaba. Luego le temblaron las rodillas y se le revolvió el estómago. Creyó que iba a desmayarse.

Su primera prueba había sido para la señora Darbus y ni siquiera sabía que estaba escuchándolos. Ahora tenía que enfrentarse a esa multitud.

Kelsi pulsó una tecla esperando que Gabriella y Troy asintieran indicándole que estaban listos para empezar. Ninguno asintió. Gabriella estaba completamente inmóvil, como si estuviera paralizada. Kelsi empezó a tocar, esperando que la música ayudara a Gabriella a relajarse y pudiera empezar a cantar.

Pero Gabriella no podía ni abrir la boca. Kelsi dejó de tocar y miró a Troy como diciendo: "¿Qué hago?"

El asintió indicándole que volviera a empezar y luego comenzó a cantar, directamente a Gabriella:

We're soarin', flyin'
There's not a star in heaven that we can't reach
If we're tryin', yeah, we're breaking free.

—No puedo, Troy. No puedo con toda esa gente mirándome —dijo Gabriella tapando el micrófono cuando le tocó a ella.

Troy miró a la multitud. La gente empezaba a parecer desconcertada.

—¿Qué le pasa? ¿Se encuentra bien? —se preguntaban en voz baja.

—Mírame a mí. Sólo a mí —susurró Troy volviéndose hacia Gabriella—. Como la primera vez que cantamos juntos, como en el preescolar. ¿Te acuerdas?

Lo hizo. Y cuando miró a Troy a los ojos, volvió a parecerle el chico del concurso de *karaoke*. Volvió a sentir aquella magia, pero esta vez era más brillante, más fuerte. Gabriella notó que se relajaba. Sintió que sonreía...

Troy hizo una seña a Kelsi, que empezó a tocar de nuevo:

You know the world can see us
In a way that's different
Than who we are.

Gabriella sonrió aún más al cantar la estrofa siguiente:

Creating space between us
'Til we are separate hearts.

Después cantaron juntos en perfecta armonía:

But your faith
it gives me strength, strength to believe…

Su seguridad y la confianza en el otro iban aumentando. Empezaron a cantar como si estuvieran solos en el auditorio.

Todo el mundo se había quedado petrificado por la fuerte y auténtica emoción que expresaban Gabriella y Troy a través de su canción.

El entrenador Bolton entró en el auditorio preguntándose con impaciencia cuándo arreglarían la avería electrónica para que pudiera seguir el partido. Miró al escenario y… ¡no podía creer lo que estaba viendo! Su hijo estaba cantando, en público, y… lo hacía francamente muy bien.

La música extendió su hechizo por todo el teatro. Las "cerebritos" miraron a los chicos del baloncesto y los dos grupos se sonrieron. Los patinadores saludaron con la cabeza a las chicas del Club de Teatro: "¡Oye, si esto es un musical, es increíble!". Todos los grupos, normalmente tan separados, se habían unido al ver una pareja totalmente insólita —Troy llevaba un uniforme de baloncesto y Gabriella una bata de laboratorio— cantándose con verdadera emoción.

Cuando terminó la canción, Gabriella y Troy se miraron a los ojos. Todos quedaron en absoluto silencio unos momentos. Luego, Kelsi se levantó y empezó a aplaudir. El entrenador Bolton la siguió.

—¡Bravo! *¡Brava!* —gritó la señora Darbus una y otra vez.

Todo el mundo se puso en pie, aplaudiendo y vitoreando.

Incluso Sharpay y Ryan empezaron a aplaudir..., luego se contuvieron y pararon rápidamente.

Los aplausos todavía se oían cuando Gabriella y Troy se dieron un abrazo rápido y salieron corriendo. Después de todo, tenían unos asuntos pendientes que atender…

CAPÍTULO NUEVE

Eran los últimos segundos del partido. Los Linces perdían. El reloj seguía su cuenta regresiva...

De repente, Troy atravesó la cancha a toda velocidad, esquivando a sus oponentes y avanzando hacia el objetivo. Tal y como había practicado, fintó a la derecha, fue hacia la izquierda, lanzó el balón y... ¡entró limpiamente tocando sólo red! Sonó el timbre. ¡Los Linces habían ganado por un punto!

En el tumulto que vino después, el entrenador Bolton encontró a su hijo y lo abrazó con fuerza.

La señora Darbus se abrió camino entre la multitud. Cuando se acercaba al entrenador, las miradas de los viejos adversarios se encontraron..., luego sonrieron y chocaron los cinco.

—¿Qué pasó con tu equipo? —gritó Troy a Gabriella al verla acercarse.

—También ganamos —contestó emocionada y feliz. Se abrazaron felicitándose mientras Chad entregaba un balón a Troy.

—El equipo te ha votado balón del partido, capitán —dijo. Chocaron los cinco y se volvió hacia Taylor—. Entonces..., ¿vendrás conmigo a la fiesta después del partido?

—¿Cómo si saliéramos? —preguntó Taylor escandalizada.

—Debe de ser tu día de suerte —sonrió Chad.

Ella se echó a reír y asintió. Hacía una semana le habría dicho que no, pero ahora...

a lo mejor Chad tenía razón. Tal vez *era* su día de suerte.

Cuando Gabriella salía del gimnasio, aún sonriendo, se le acercó Sharpay.

—Bueno, enhorabuena —dijo Sharpay—. Supongo que voy a ser la suplente en caso de que tú no puedas actuar, así que... rómpete una pierna.

Gabriella la miró, asustada.

Sharpay sonrió, esta vez su sonrisa era auténtica.

—En el teatro —le explicó—, eso quiere decir: ¡buena suerte!

Ahora Gabriella sonrió y también de verdad.

Cuando iba a marcharse, Zeke vio que ésa era la ocasión y se acercó a Sharpay.

—Siento que no te dieran el papel principal, Sharpay —dijo—. Eres muy, muy buena. Te admiro muchísimo.

—¿Y por qué no ibas a hacerlo? —preguntó Sharpay, que no había cambiado tanto, después de todo—. Bueno, adiós.

Él le tendió tímidamente una bolsa de galletas.

—Las he hecho para ti...

Ella las cogió como si se las debiera y se marchó.

Troy encontró a Kelsi entre la multitud y le dio el balón de baloncesto.

—Compositora, aquí tienes nuestro balón. Te lo mereces..., eres la base.

Kelsi casi se desmaya. *¡Troy Bolton* estaba dándole el balón del partido a *ella!* Sintió que se mareaba al pensar lo mucho que había cambiado su vida en tan sólo una semana. Estaba sorprendida y muy, muy feliz. Lo miró con una enorme sonrisa y lanzó el balón al aire...

Cuando éste bajó, el Instituto East era un lugar diferente. Era un lugar donde los gamberros de la clase podían hablar con los "cerebritos" y los deportistas podían salir con los del Club de Teatro. Era un lugar donde cada uno podría seguir el paso que le marcaba su propio tambor y los demás le aplaudirían. En otras palabras, era un lugar donde todos podían pasarla bien... juntos.

Cuando acabó la fabulosa celebración, la gente seguía dando vueltas por ahí, riendo, hablando y conociendo personas en las que nunca se había fijado.

Fue entonces cuando Sharpay se metió entre la multitud, apartando a la gente para llegar hasta donde estaba Zeke.

—¡Tus galletas son geniales! —gritó—. Lo mejor que he probado en mi vida. ¿Podrías hacerme más, Zeke?

Zeke sonrió. *Por supuesto* que se las haría. Es más...

—Creo que podría hacerte hasta una *crème brûlée* —dijo tímidamente, alzando las cejas.

Esta edición de 3.000 ejemplares
se terminó de imprimir en
Indugraf S.A.,
Sánchez de Loria 2251, Bs. As.,
en el mes de junio de 2007.
www.indugraf.com.ar